典型县域水环境综合整治规划研究

刘桂丽　李道西　著

黄河水利出版社
·郑州·

内容提要

本书较全面地论述了县域水环境综合整治规划编制过程。主要内容包括：内乡县自然和社会经济概况，水环境质量现状调查与评价，规划水平年污染源预测，水环境容量测算，区域水污染综合整治总体布局，重点污染源治理控制规划方案，规划保障措施，规划投资估算及实施效益分析等。

全书以内乡县水环境综合整治规划研究为主线，理论与实践相结合，内容翔实，层次分明，具有较强的实用性和可操作性。该项研究对我国广大县域开展水环境综合整治规划工作具有很好的参考和示范作用。

本书可供水利、农业、城建、环境等部门的规划、设计、科研以及管理人员参考使用，也可供大专院校相关专业师生参考阅读。

图书在版编目(CIP)数据

典型县域水环境综合整治规划研究/刘桂丽，李道西著.
郑州：黄河水利出版社，2010.6
ISBN 978-7-80734-636-4

Ⅰ.①典… Ⅱ.①刘… ②李… Ⅲ.①县-水环境-综合治理-研究-中国 ②县-水环境-环境规划-研究-中国 Ⅳ.①X143

中国版本图书馆 CIP 数据核字(2010)第 100363 号

组稿编辑：李洪良 电话：0371-66024331 E-mail：hongliang0013@163.com

出 版 社：黄河水利出版社
地址：河南省郑州市顺河路黄委会综合楼 14 层 邮政编码：450003
发行单位：黄河水利出版社
发行部电话：0371-66026940、66020550、66028024、66022620(传真)
E-mail：hhslcbs@126.com
承印单位：河南省瑞光印务股份有限公司
开本：787 mm×1 092 mm 1/16
印张：7.75 彩插：6 页
字数：180 千字 印数：1—1 000
版次：2010 年 6 月第 1 版 印次：2010 年 6 月第 1 次印刷

定价：38.00 元

前　言

近年来，随着我国县域经济的快速增长，县域生态环境压力也与日俱增，特别是水环境问题已成为制约经济社会发展的瓶颈。但是，目前水环境方面的研究大部分集中在水环境容量的核定上，而对水环境综合整治规划的研究则主要针对大江大河或是县级以上城市，针对县域级城市的则很少，而且重点污染源治理措施可实施性不强。县域经济总量较小，多年环保欠账累积，环保基础设施建设滞后，农业面源污染日益突出，其水环境综合整治不能与大江大河一概而论。

内乡县地处长江流域唐白河水系，白河的一级支流——湍河为县域的主要河流，发源于境内。湍河在为区域经济社会发展提供地表水资源的同时，又接纳区域水污染物。随着经济社会的快速发展，水环境问题日益突出，与此同时，县域造纸、化工、规模化养殖等高消耗、高污染水环境保护重点行业还需要继续发展。鉴于此，开展县域污染源综合整治、提高和合理利用水环境承载能力势在必行，县政府决定开展水环境综合整治规划是十分必要的。

内乡县环境保护局于 2009 年 4 月与华北水利水电学院合作开展了内乡县水环境综合整治规划的研究工作。在内乡县委县政府的直接指导下，项目组经过精心组织和潜心研究，于 2009 年 12 月在河南省率先完成了以县域为单位的区域水环境综合整治规划研究工作。本项研究以内乡县为典型，在分析内乡县自然、经济、社会现状的基础上，以乡镇为基本单元，详细调查了点源和非点源的污染物排放和入河状况，并将污染源与水环境功能区进行对应，识别分析了区域水污染治理控制的主要问题，筛选确定了重点水污染源。在整合水功能区划和水环境功能区划的基础上，分别用 90% 保证率最枯月平均流量和年内分水期多年平均流量 2 种不同水文情景计算了湍河和默河水资源开发河段的水环境容量，并通过比较分析，确定了内乡县的水环境容量。依据现有产业结构，在考虑经济发展、清洁生产和工艺改革的基础上，规划研究对不同水平年水污染产排情况进行了预测；并以水环境容量为约束，提出了区域水污染综合整治总体布局，规划了重点污染源治理控制方案。规划研究成果可作为内乡县水环境综合整治及下一步水环境管理的依据，同时，也对我国广大县域开展水环境综合整治规划工作具有很好的参考和示范作用。

本书由内乡县环境保护局刘桂丽撰写第 1 章、第 2 章、第 3 章、第 6 章、第 8 章和第 9 章；华北水利水电学院李道西撰写第 4 章、第 5 章和第 7 章，全书由刘桂丽统稿。

本书在编写过程中，依照现行颁布的有关规范、规程，力求体现科学性和实用性。由于时间仓促，加之作者认识水平和经验有限，书中疏漏和不妥之处难免，恳请广大读者批评指正。

作　者

2010 年 3 月

目　录

第1章　总　论

1.1　研究背景与意义

水环境综合整治规划是一个多目标、多层次的开放式系统工程。在规划的编制和实施管理的整个过程中，包括水环境功能区划、水环境现状调查与评价、规划水平年污染源预测、水环境容量及其削减量测算、重点污染源治理规划、规划保障措施以及规划投资等主要环节。区域水环境综合整治规划的目的是为水环境管理提供科学的依据，对区域经济的可持续发展和水资源的可持续利用具有重要意义。

目前，水环境方面的研究大部分集中在水环境容量的核定上，而水环境综合整治规划的研究则主要针对大江大河或是县级以上城市，针对县域级城市的则很少。虽然县域级城市水环境容量模型相对简单，但其污染负荷预测和排污口要求更加具有针对性，重点污染源治理措施要求更加具有可实施性，因此对县域级水环境综合整治规划进行研究也是十分必要的。本书以内乡县为例，在内乡县污染负荷调查和预测基础上，测算了内乡县水环境容量及入河削减量，进一步提出了各重点污染源综合整治措施，为内乡县排污总量控制的实施提供科学依据，同时，为基层科研人员开展县域级水环境整合整治规划提供一定参考。

近年来，内乡县的发展形势正在发生着深刻变化。随着经济的快速增长，内乡县的生态环境压力也与日俱增，环境问题已成为制约经济社会发展的瓶颈。由于经济总量较小，多年以来环保欠账较多，环保基础设施建设严重滞后，城镇生活污染物未得到有效控制，工业污染源未得到严格治理，农业面源污染日益突出，大部分河段水质受到不同程度的污染，有些河段污染极其严重。虽然近年来各级有关部门为保护水环境做了不少工作，如开展河道整治、工业污染源治理、生活污水处理，取得了一定效果，但水污染形势依然严峻，治理任务仍十分艰巨。

本次规划研究的指导思想是：以科学发展观为指导，以建设生态县为核心，针对当前主要存在的水环境问题，按照构建生态城市、和谐社会、资源节约型社会的总体目标，把内乡县水环境综合整治放到更加突出、更加紧迫、更加重要的位置。全面推进内乡县水污染防治工作，以调整结构、推进污染集中治理和提高改造为主要手段，高标准实施工业和生活污染源控制；以推行生态农业和循环型农业为主要措施，削减农业面源的污染量；以实施河道的生态化整治为重点，提高水环境的自净能力。通过齐抓共管，使区域内水环境、水资源保护与社会经济协调发展，实现内乡县社会经济的持续快速健康发展。

本次规划研究除遵循环境规划的一般原则外，还有其特有的原则。

(1)以人为本，科学发展。把维护广大人民群众的根本利益作为基本出发点和落脚点，以解决群众最关心、最直接、最现实的水环境保护问题为重点，转变发展观念，创新发展模式,重视生态文明建设,加快建设资源节约型和环境友好型社会,走科学发展的道路。

(2)人畜饮用水源保护优先。合格安全的饮用水源是人民群众生存与发展所必需的,水环境整治工作应突出重点,优先保护饮用水源,抓紧实施,确保人民饮用水安全。

(3)效益优先。从最佳效益出发,合理安排有限资金。对减排效果明显、有一定经济基础、技术条件成熟、具有规模效益、符合国家和行业产业政策的项目优先安排。

(4)水环境容量控制为主。根据控制断面水质达到水环境功能区划的要求,坚持以水环境容量控制为主,确定各地的最大允许排放量,实施排污口达标排放和总量控制计划。

(5)谁污染,谁治理。环保部门原则上只对最大允许排放量进行统一管理,各企业排污量的削减,原则上由企业自己负责。

(6)依靠科技,公众参与。加强内乡县水环境问题综合研究,科学合理制定水环境综合治理的技术路线,加强水环境治理集成技术研究和应用推广。加大宣传教育的力度,倡导节约资源、保护环境和绿色消费的生活方式,保护和调动社会公众参与治理工作的主动性和积极性。

(7)加强协作,落实责任。加强县内各部门间协作,合力治污。落实乡镇各级政府(管委会)水环境综合治理责任,建立健全目标责任制、评估考核制和责任追究制。加强监测体系建设,建立定期公告制度,接受社会舆论和公众监督。

根据以上指导思想和规划原则,为贯彻落实科学发展观,从根本上改善内乡县水环境质量,增创环境新优势,维护和实现最广大人民群众的根本利益,实现内乡县的可持续发展,有必要全面调查内乡县主要水环境污染源,摸清内乡县域河流水环境容量,全面开展内乡县水环境综合整治。本次规划研究方案是内乡县开展各项整治工作的总体规划方案,也是检查考核各级相关部门完成内乡县水环境综合整治工作任务的依据。

1.2 研究范围、时限及依据

本次规划研究的范围是内乡县整个行政区域,包括陆域面积2 465 km^2,涵盖城关镇、师岗镇、夏馆镇、马山口镇、湍东镇、赤眉镇、瓦亭镇、王店镇、灌涨镇、桃溪镇、赵店乡、大桥乡、余关乡、乍曲乡、板场乡、七里坪乡等16个乡镇,3 516个自然村。本次规划研究的重点是整治县域内湍河及默河中下游的周边区域。

本次规划研究的总体规划期为2009～2020年,规划基准年为2008年,近期规划水平年为2009～2015年;中期规划水平年为2016～2020年。规划研究的依据与执行标准如下:

(1)《中华人民共和国环境保护法》;

(2)《中华人民共和国水污染防治法》和《中华人民共和国水污染防治法实施细则》;

(3)《中华人民共和国水法》;

(4)《国家环境保护"十一五"规划》;

(5)《中华人民共和国清洁生产促进法》;

(6)《生态县、生态市、生态省建设指标(试行)》;

(7)《生活饮用水水源水质标准》(CJ 3020—93);

(8)《农田灌溉水质标准》(GB 5084—2005);

(9)《地表水环境质量标准》(GB 3838—2002);

(10)《污水综合排放标准》(GB 8978—1996);

(11)《城镇污水处理厂污染物排放标准》(GB 18918—2002);

(12)《畜禽养殖业污染物排放标准》(GB 18596—2001);

(13)《肉类加工工业水污染物排放标准》(GB 13457—92);

(14)《制浆造纸工业水污染物排放标准》(GB 3544—2008);

(15)《合成氨工业水污染物排放标准》(GB 13458—2001);

(16)《纺织染整工业水污染物排放标准》(GB 4287—92);

(17)《水域纳污能力计算规程》(SL 348—2006);

(18)《土壤环境质量标准》(GB 15618—1995);

(19)中国环境规划院《全国水环境容量核定技术指南》;

(20)国务院第一次全国污染源普查领导小组办公室《第一次全国污染源普查城镇生活源产排污系数手册》;

(21)《河南省环境保护"十一五"规划》;

(22)《南阳市地面水环境功能区划分报告》;

(23)南阳市环境保护局《南阳市环境保护"十一五"规划》;

(24)内乡县环境保护局《内乡县环境保护"十一五"规划》;

(25)内乡县人民政府《关于印发内乡县2009年环境综合整治实施方案的通知》内政〔2009〕17号;

(26)内乡县人民政府《关于印发内乡县2009年畜牧工作意见的通知》内政〔2009〕34号;

(27)内乡县人民政府《内乡县城总体规划(2004~2020)》;

(28)内乡县史志研究室《内乡县志(1978~2003)》;

(29)内乡县统计局《内乡经济统计年鉴(2004~2006)》以及统计月报或公告(2007~2008);

(30)内乡县各相关行业部门(林业、水利、农业等)"十一五"规划;

(31)内乡县环境监测站分析结果报告单(2006~2009);

(32)内乡县各重点污染企业提供的有关环保情况的材料;

(33)内乡县环境保护局提供的《内乡县域重点水污染企业的分布、生产规模及污染特征》的统计材料。

1.3 研究目标

本次规划研究的总目标是:

——到2015年,水环境质量良好的河段基本维持,控制已受到污染河段的水质恶化趋势,重点整治严重污染的河段,解决饮用水源污染和城镇河段的有机污染问题,使饮用水源水质达到规划的控制标准;

——到2020年,重点河段的水环境质量要有所提高,城镇河段有机污染得到有效控制，工业污染得到严格控制，并开展农业非点源污染的治理，使各种用水的水质水量得到保证，实现水生态环境的良性循环。

近期目标是基本遏制水环境质量下降的趋势，并使水环境得到一定改善。

中期目标是使不达标污染源排污总量大幅削减，水环境明显改善，稳定达标。

规划指标包括：环境质量指标、点源入河总量控制指标及污染防治指标 3 大类，详见表 1-1。根据内乡县主要河流的水环境功能区划，确定各河段水质目标见表 1-2。

表 1-1 内乡县水环境综合整治规划目标与指标

序号	指标名称		单位	近期	中远期
1	环境质量指标	地表水功能区水质达标率	%	100	100
2	点源入河总量控制指标	化学需氧量(COD_{Cr})入河量	t/a	1 540	2 030
3		氨氮入河量	t/a	57	55
4	污染防治指标	工业废水集中处理率	%	85	95
5		生活污水集中处理率	%	70	90
6		生活垃圾无害化处理率	%	60	80
7		规模化养殖场和集中式养殖区畜禽粪便综合利用率	%	85	100
8		重点污染源自动在线监控率	%	80	100
9		农药化肥减施率	%	15	20

注：①地表水功能区水质达标率指地表水体断面监测结果按相应水体功能标准衡量，不同功能区水质达标的比例；②化学需氧量（COD）入河量指区域范围内各类污染源排入水体废水中的 COD 含量；③氨氮入河量指区域范围内各类污染源排入水体废水中的氨氮含量；④工业废水集中处理率指工业废水经收集通过区域集中处理设施处理排放的水量占区域工业废水排放总量的比例；⑤生活污水集中处理率指生活污水经收集通过区域集中处理设施处理排放的水量占区域生活污水排放总量的比例；⑥生活垃圾无害化处理率指生活垃圾无害化处理量占垃圾产生总量的比例；⑦规模化养殖场和集中式养殖区畜禽粪便综合利用率指规模化养殖场畜禽粪便综合利用量占产生总量的比例，畜禽粪便综合利用主要包括直接用作肥料、制作有机肥、培养料、生产回收能源（包括沼气）等；⑧重点污染源自动在线监控率指实施自动在线监控的重点污染源数量占全省重点污染源总数的比例；⑨农药化肥减施率指区域农药化肥减施量占上一水平年农药化肥施用量的比例。

表 1-2 内乡县主要河流水环境功能区及水质目标

序号	水体名称	水域范围	水质目标		控制断面
			近期	中远期	
1	湍河	源头—万沟	Ⅰ	Ⅰ	万沟
		万沟—小河	Ⅱ	Ⅱ	小河
		小河—新桥	Ⅲ	Ⅲ	新桥
		新桥—前陆营	Ⅳ	Ⅲ	前陆营
		前陆营—杨寨	Ⅲ	Ⅲ	杨寨

续表 1-2

序号	水体名称	水域范围	水质目标		控制断面
			近期	中远期	
2	默河	源头—白庙	Ⅰ	Ⅰ	白庙
		白庙—坝下	Ⅱ	Ⅱ	坝下
		坝下—吕营	Ⅳ	Ⅲ	吕营
		吕营—杨寨	Ⅲ	Ⅲ	杨寨
3	黄水河	源头—封湾	Ⅲ	Ⅲ	封湾
4	螺蛳河	许营—新桥	Ⅲ	Ⅲ	新桥
5	鱼道河	源头—师家湾	Ⅲ	Ⅲ	师家湾
6	长城河	周家营—阎营	Ⅱ	Ⅱ	阎营
7	刁河	源头—廊桥	Ⅲ	Ⅲ	廊桥

1.4 研究内容、方法与技术路线

1.4.1 主要研究内容

本次规划研究的主要内容包括：内乡县污染源排放现状调查与评价；规划水平年污染负荷预测；主要河流水环境容量及其削减量测算；水污染综合整治总体布局；重点污染源综合整治规划；规划保障措施；投资估算与效益分析等。其中，主要河流水环境容量及其削减量测算、重点污染源综合整治规划是本次规划研究的重点。

1.4.2 研究方法

根据研究内容，需有针对性地采取不同的研究方法或手段。

(1) 以资料收集为主，实地调查为辅，全面掌握水环境污染物排放与治理现状；分析水环境质量和污染控制方面存在的突出问题，提出规划方案和措施。

(2) 以翔实的水文、水质资料为基础，测算水环境容量。

(3) 以环境容量测算结果为指导，分阶段提出排污总量控制要求。

(4) 以完成总量削减任务为主线，制定水环境综合整治的具体措施。

(5) 以落实综合整治措施为目的，提出各项重点工程项目的实施计划。

(6) 以实现水环境质量达标为目标，提出规划方案的保障措施。

1.4.3 技术路线

本次规划研究的几个方面内容之间既有独立性，也具有相互联系。

(1) 确定规划区范围、水环境保护目标以及水功能区划；

(2)进行环境质量现状调查与评价，确定规划区主要污染源和控制污染物，筛选出规划区内的主要水环境问题；

(3)分析规划区产业结构，预测其经济发展和人口增长趋势，进而预测规划区用水量、废水量和主要污染物，为水环境容量利用规划提供依据；

(4)根据城市总体规划及区域内河流水文特点，划分河流污染控制单元，建立河流水质模型，提出河流设计流量与水质控制目标，进而确定各单元的水环境容量；

(5)根据水环境现状和预测，以及水环境容量的计算结果，优化分配污染物负荷总量和应削减量到各污染源，或根据水环境容量的分布确定排污口的设置，实现工业的合理布局，最终提出污染物排放总量控制方案；

(6)最后，根据污染物排放总量控制方案，提出配套的规划实施保障措施。

整个水环境综合整治规划研究的技术路线如图1-1所示。

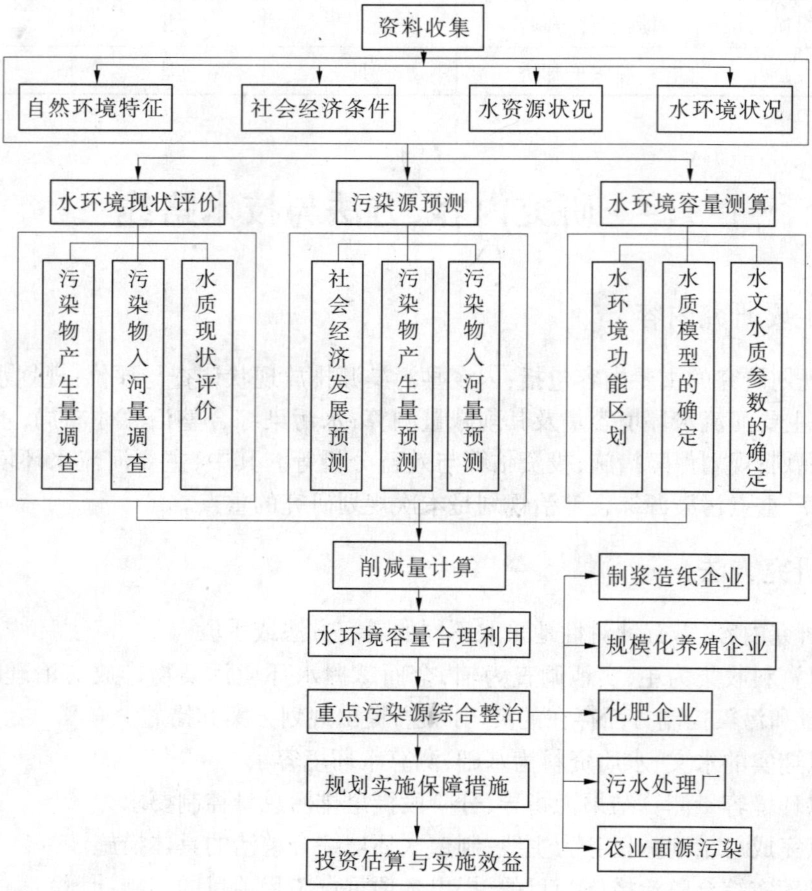

图1-1　水环境综合整治规划研究的技术路线

第2章　内乡县自然和社会经济概况

2.1　自然环境概况

2.1.1　地理位置

内乡县隶属于河南省南阳市，位于河南省西南部，南阳盆地西缘，东距南阳市70 km，东北距郑州市331 km，地处东经111°34′~112°09′，北纬32°49′~33°36′。内乡县东接镇平县，西邻淅川、西峡2县，南接邓州市，北依南召县和洛阳市嵩县。境内有宁西铁路、312国道、豫西高速公路、豫248省道、249省道、332省道穿境而过，距南阳飞机场仅60 km，交通便利（见附图一：内乡县政区示意图）。

2.1.2　地形地貌

内乡县位于伏牛山东南部低山丘陵区，境内山地、丘陵、平原兼有。北部为山地，地势险峻，山高谷深；中部和西南部为岗坡河沟和浅山丘陵；东南部为河谷冲积平原。境内沟壑纵横，河流交错分布，溶洞景色奇异。地势北高南低，自西北向东南倾斜，最高处白草尖海拔1 845 m，最低处大桥乡大周村海拔145 m，相对高差1 700 m。

境内山地面积1 662.9 km^2，占全县土地总面积的72.2%。北部山势呈西北—东南走向，中部和南部浅山南北延伸。板场、夏馆、七里坪、马山口4个乡镇境内山势雄伟，横亘连绵，山峰海拔多在1 000 m以上，相对高差300~500 m，是内乡县主要林区，面积349.1 km^2，占全县山地面积的21%。赤眉、余关、湍东、师岗、乍曲、瓦亭、桃溪等乡镇部分地区为低山区，面积1 313.8 km^2，占全县山地面积的79%。全县海拔千米以上的山峰有38座，全部分布在北部山区。县境南部的山峰较低且少，并单独成峰，海拔400 m以上的山峰有42座。

境内低山、丘陵和平原相互交错，分区界限并不十分明显。南部、西部和中部为丘陵区，区内有低山分布，面积为488.7 km^2，占全县总土地面积的21.3%。丘陵区为垄岗地形，地面起伏大，岗高坡陡，河谷纵横。东南部为河流冲积平原，平原多是小盆地和河川平原，且河川平原和盆地交错分布，面积为151.4 km^2，占全县总土地面积的6.5%。境内较大盆地有县城盆地、夏馆—七里坪盆地、马山口盆地3个。较大的河川平原有湍河河川平原、默河河川平原，此外还有黄水河平原和长城河平原。

2.1.3　气候特征

内乡县地处北亚热带向暖温带过渡地带，为北亚热带季风型大陆性气候，有着明显的过渡性气候特征。春季冷暖多变，温度呈跳跃式上升；夏季炎热，雨量集中，但酷热天气不多;秋季阴雨多,但个别年份久晴无雨;冬季天冷雨雪少,但无大冻害。由于西北、北面环山的自然条件,对夏秋北上的湿润气流和冬季南下的冷气起屏障作用,故境内气候各要素和同纬度平原地区相比,年日照时数偏少,光能资源属全省低值区,年平均气温略高,地形雨和对流雨较多,年平均湿度较大,年平均地面温度较高,静风天气多,气候区划明显。

根据《内乡县志(1978~2003)》,全县年平均日照时数为1 939.6 h,较纬度相同的南阳市少161.9 h。全县太阳辐射量108.83 $kcal/cm^2$,境内光能资源与全省各地比较属低值区。内乡县多年平均气温15 ℃,气温月际变化较大:全年最冷月份为1月,平均气温1.4 ℃;全年最热月份为7月,平均气温27.6 ℃。境内不同海拔高度活动积温差异较大,随着海拔的增加积温愈低,海拔160~1 600 m,大于0 ℃的活动积温3 474.2~5 536.9 ℃,大于10 ℃的活动积温2 931.0~4 863.1 ℃。内乡县多年平均降水量790 mm,境内北部山区年降雨量850 mm以上,中部平原和丘陵区为744~850 mm,南部的瓦亭镇是全县年降雨量最少的地区,仅704 mm。另外,降水量季节分布不均,雨量多集中在7~9月,少雨期为12月、1月、2月。全县历年平均相对湿度为73%,多年平均蒸发量为1 608.9 mm;全县平均地面温度18 ℃,比年平均气温高3 ℃,冬季地面温度约3 ℃,夏季地面平均温度约26 ℃。内乡县全年无霜期约225 d。县内受伏牛山脉阻挡和地势影响,一年中风速、风向变化不大,全年风向多为东风和东南风,其次为西北风,全年平均风速2 m/s。气象要素见表2-1。

表2-1　内乡县主要气象要素情况

序号	气候要素	数值	单位
1	年平均日照时数	1 939.6	h
2	太阳辐射量	108.83	$kcal/cm^2$
3	多年平均气温	15	℃
4	大于10 ℃的活动积温	3 897	℃
5	多年平均降水量	790	mm
6	多年平均相对湿度	73	%
7	平均地面温度	18	℃
8	全年无霜期	225	d
9	风向	东风和东南风	
10	全年平均风速	2	m/s

2.1.4　土壤与地质条件

内乡县属于北亚热带黄棕壤地带，境内黄棕壤土类面积最大，其次分别为紫色土类、潮土类、棕壤土类、水稻土类和砂礓黑土类等，共计 6 个土类，13 个亚类，32 个土属，94 个土种。根据 1996 年在全县范围内开展的第二次耕层土壤养分普查结果，土壤耕层含有机质 1.22%、碱解氮 57.66×10^{-6}、速效磷 15.44×10^{-6}、速效钾 127.9×10^{-6}。

内乡县地质构造分属北秦岭褶皱带与南秦岭华力西褶皱带。褶皱、断裂发育，岩浆活动频繁，侵入岩、喷出岩皆有。新构造运动明显，小震群几度出现。地层具有北秦岭地层和南秦岭地层的特点，表现为地槽型或断陷地槽型沉积，海相火山岩、复理岩、碎屑岩、碳酸岩建造均较发育，并间互存在。

2.1.5　植被与森林资源状况

全县林业用地面积 124 944 hm^2，植被共划分为阔叶林、针叶林、灌丛、草甸、沼泽等 5 个植被型组、11 个植被亚型、66 个群系。全县森林资源及植被保护相对较好，特别是通过近几年来以长防林建设、灭荒造林、退耕还林等举措，林业用地面积呈扩大趋势。

2.1.6　湿地

内乡湿地主要分布在湍河两岸的深山、低山、丘陵和平原农田，面积约 4 500 hm^2。其生态系统类型各异，植物品种、类型多种多样，属典型的内陆性湿地。内乡湍河湿地已被河南省政府批准建立省级自然保护区。

2.2　水系与水资源概况

2.2.1　河流水系

整个县域水系都属长江流域的唐白河水系。湍河为主要河流，属白河的支流，发源于西峡、嵩县和内乡三县交界处的伏牛山区，自北向南穿境而过，其主要支流有默河、黄水河和长城河。黄水河和长城河均发源于西峡县，刁河为白河的另一条支流，发源于内乡县桃溪镇的滚子岭，自西北转东南穿境而过。下面简要介绍与水功能区划分有关的河流情况。

2.2.1.1　**湍河**

湍河是内乡境内第一大河，发源于夏馆镇湍源村，纵贯南北，从县城中部穿过，因其上游群山林立，河床自然比降大，汇入支流多，水流湍急，故名湍河。

湍河由北向南纵贯全境，流经内乡境内的夏馆、七里坪、赤眉、赵店、湍东、城关、大桥 7 个乡镇 50 多个村，经邓州市于新野县注入白河，在境内河长 124 km，县城区段长度 3 km，河宽一般为 300 ~ 500 m，平均宽度 340 m，最宽可达 1 000 m，流域面积为 2 300 km^2，沿途汇流有默河、黄水河、长城河等 21 条支流。河道上游（赤眉乡杨店村以上）比降为 1/90，中下游比降为 1/800 ~ 1/400，城区段进入平原区，河道比降为 1/1 000。在县城东南、宛坪公路上架设了新、旧湍河大桥 2 座。

湍河水源补给以降水为主，降雨年内、年际变化显著。湍河多年平均径流总量 4.6 亿 m^3，多年平均流量为 16.42 m^3/s，最大洪峰流量为 4 350 m^3/s(1973 年)，枯水流量 0.8 m^3/s。年内汛期月均流量 29.3 m^3/s，非汛期月均流量 7.18 m^3/s。属常年河，无冰期。

2.2.1.2 默河

默河系湍河最大支流，为内乡县境内第二大河，发源于县境东北部马山口镇朱庙村的小界岭，经朱庙、石庙至马山口，此段称青山河。在马山口与梅子、花北两河交汇，以下河段称为默河。

默河流经内乡境内的马山口、王店、灌涨 3 个乡镇 21 个村，于大桥乡和邓州市罗庄乡交界处注入湍河。该河流在内乡境内长 55 km，河宽 100 ~ 300 m，河床比降 1/200 ~ 1/300，流域面积为 607 km^2，最大洪峰流量 1 740 m^3/s，枯水期流量 0.5 m^3/s，属常年河，无冰期。在公路线上共建默河大桥 3 座。

2.2.1.3 黄水河

黄水河系湍河第二大支流，发源于西峡县田关乡西北山区，盘山绕岭入内乡县河南村。因沿途挟带泥沙，水呈黄色，故名黄水河。

黄水河流经赵店、湍东、大桥 3 个乡镇 10 个村，于大桥乡徐坡村汇入湍河，在境内长 19.5 km，流域面积为 217 km^2。河床平均比降为 1/300，河宽 100 ~ 120 m，最大洪峰流量 1 200 m^3/s，枯水量 0.2 m^3/s，属常年河，无冰期。

2.2.1.4 长城河

长城河系湍河支流，发源于西峡县回车乡古磨洼，蜿蜒向南流经七峪、丹水，此段名丹水河。入内乡境穿古长城遗址，故名长城河。该河流至赵店乡张庄沟北汇入湍河，境内全长 9.5 km，河床宽 50 ~ 150 m，流域面积 255 km^2，最大洪峰流量 1 300 m^3/s，枯水期流量 0.12 m^3/s，属常年河，无冰期。

2.2.1.5 螺蛳河

螺蛳河系湍河支流，上游由 3 条无名小河于赵店乡胡坟村旁相汇，以下称螺蛳河。因河内多生螺蛳，故得名。流经赵店、湍东 2 乡镇，于县城东北角注入湍河。境内全长 18.5 km，流域面积 39 km^2。平时细水缓流，无冰期。

2.2.1.6 鱼道河

鱼道河系湍河支流，发源于内乡与西峡县界山的南山坡。流经板场、夏馆 2 个乡镇至七里坪乡三道岗村注入湍河。全长 23.5 km，流域面积 124 km^2，沿途有东让河、后河等小河汇入，属常年河，无冰期。

2.2.1.7 刁河

刁河系白河支流，发源于桃溪镇石碑营村，流经乍曲、师岗 2 个乡镇 12 个村，沿途有 6 条河汇入，经淅川、邓州、新野注入白河，在内乡县境内长 17.5 km，河面宽度为 50 ~ 150 m，流域面积约为 196 km^2，径流深 220 mm，最大洪峰流量 1 200 m^3/s，枯水期流量 0.3 m^3/s，属常年河，无冰期。

内乡县主要河流情况见表 2-2，地表水系分布见附图二(附图二：内乡水功能区划示意图)。

表2-2 内乡县主要河流情况

水系	河流	境内长度(km)	河道宽度(m)	流域面积(km^2)	最大洪峰流量(m^3/s)	枯水流量(m^3/s)
湍河	湍河	124	300～1 000	2 300	4 350	0.80
	默河	55	100～300	607	1 740	0.50
	黄水河	19.5	100～120	217	1 200	0.20
	长城河	9.5	50～150	255	1 300	0.12
刁河	刁河	17.5	50～150	196	1 200	0.30

2.2.2 水资源及其开发利用现状

2.2.2.1 水资源概况

根据对水文站1967～2004年降雨资料的统计分析，内乡县多年平均降雨量777.30 mm，多年平均径流深239.60 mm，年径流总量5.90亿m^3（75%保证率3.30亿m^3），降雨径流呈现逐年减少的趋势。

全县水资源总量均值为6.67亿m^3，其中，地表水5.90亿m^3，地下水0.77亿m^3（75%保证率0.37亿m^3），可利用水资源总量3.67亿m^3。境内地表水较丰富，径流分布和降水量分布一致，由北向南递减，且差异性大。在时空分布上，汛期河川径流较集中，80%以上的径流成为客水下泄。境内地下水主要分布在湍河、默河沿岸平原，水位一般在8～25 m，单井出水量为10～60 m^3/h。浅山丘陵区地下水埋藏较深，仅在风化裂隙、构造裂隙及围岩接触面有水，富水性较差，水位一般为30～180 m，成井出水量为10～40 m^3/h，年可开采量3 696万m^3。

2.2.2.2 水资源开发利用现状

全县共建成中型水库3座，总库容5 915万m^3，兴利库容3 418万m^3，控制流域面积146 km^2。小型一类水库10座，小型二类水库36座，总库容2 189万m^3，塘堰坝288座，总库容624万m^3，机井2 270眼，水窖364个，年可供水量达9 927万m^3。

全县共有灌溉工程3 168处，有效灌溉面积29.27万亩（1亩=1/15 hm^2，下同），其中：自流灌区16.76万亩，井灌区7.53万亩，坝塘窖提灌区2.0万亩。节水灌溉工程面积2.23万亩，其中微、喷灌0.52万亩，低压管道0.51万亩，渠道防渗1.2万亩。已初步形成了硬化渠道、地埋管道、喷灌、微喷等多种形式相结合的节水灌溉新格局。

内乡县城人口和工业比较集中，县城周围的地下水满足不了工业、环保和城镇生活的需要。因此，县城工业、环保、生活用水都直接提取湍河径流水。截至2005年底，内乡县水资源利用量为：工业2 715万m^3，其中地下水847万m^3；农业4 794万m^3，其中地下水1 384万m^3；生活用水1 032万m^3，其中地下水680万m^3；县、乡镇的环境卫生、花卉生产、旅游风景区等用水量10万m^3。总计用水量8 551万m^3，占可利用资源量的23.3%。其中地表水5 640万m^3，占总用水量的65.96%，占资源量的17%；地下水2 911万m^3，占总用水量的34.04%，占可开采量的78.7%，见表2-3。

表 2-3　内乡县 2005 年各行业用水情况

用水行业	工业用水		农业用水		生活用水		其他	合计	
	用水量（万 m^3）	比例（%）	用水量（万 m^3）	比例（%）	用水量（万 m^3）	比例（%）	用水量（万 m^3）	用水量（万 m^3）	比例（%）
地表水	1 868	68.80	3 410	71.13	352	34.11	10	5 640	65.96
地下水	847	31.20	1 384	28.87	680	65.89	0	2 911	34.04
合计	2 715	100	4 794	100	1 032	100	10	8 551	100

2.2.3　水环境功能区划分

根据《南阳市地面水环境功能区划分报告》，湍河内乡县境内可划分为 5 个水环境功能区，默河内乡县境内可划分为 3 个水环境功能区，其他支流均各自成为一个水环境功能区，见表 2-4。其中，湍河“源头—万沟—小河—新桥”段、默河“源头—白庙—坝下”段，以及其他支流水功能区均为饮用水源保护区，禁止排污，也不得新建排污口。所以，此次水环境容量实际上以只考虑湍河“新桥断面”和默河“坝下断面”开始，至与邓州市交界的“杨寨断面”之间河段，见附图二（附图二：内乡水功能区划示意图）。

表 2-4　内乡县地面水环境功能区划分

序号	水体名称	水域范围	水功能区类型	划分功能
1	湍河	源头—万沟	源头水	Ⅰ
		万沟—小河	珍贵鱼类保护区	Ⅱ
		小河—新桥	饮用水源二级保护区	Ⅲ
		新桥—前陆营	人体非直接接触的娱乐用水区	Ⅳ
		前陆营—杨寨	人体非直接接触的娱乐用水区	Ⅳ
2	默河	源头—白庙	源头水	Ⅰ
		白庙—坝下	饮用水源一级保护区	Ⅱ
		坝下—吕营	一般工业用水区	Ⅳ
		吕营—杨寨	饮用水源二级保护区	Ⅳ
3	黄水河	源头—封湾	饮用水源二级保护区	Ⅲ
4	螺蛳河	许营—新桥	饮用水源二级保护区	Ⅲ
5	鱼道河	源头—师家湾	饮用水源二级保护区	Ⅲ
6	长城河	周家营—阎营	饮用水源一级保护区	Ⅱ
7	刁河	源头—廊桥	饮用水源二级保护区	Ⅲ

2.3　社会经济概况

2.3.1　行政区划及人口

内乡县隶属于南阳市,全县呈南北条状,南北长 85 km,东西宽 54 km,总面积 2 465 km^2,县辖 16 个乡镇 288 个行政村和 10 个居民委员会。2008 年末全县总人口65.05万人,其中城镇人口 18.64 万人,城镇化率 28.6%,乡村人口 46.42 万人,占 71.4%。

内乡县辖 10 个镇,6 个乡:城关镇、夏馆镇、师岗镇、马山口镇、湍东镇、赤眉镇、瓦亭镇、王店镇、灌涨镇、桃溪镇、板场乡、大桥乡、赵店乡、七里坪乡、余关乡、乍曲乡。县人民政府驻城关镇。

2.3.2　工业概况

全县已拥有化肥、化工、制药、机械、造纸、建材、水泥、丝织地毯、食品加工、选矿加工、玉器雕刻等 111 个地方国营和集体工矿企业以及 6 800 多个村组、个体联营企业,年工业总产值 6 亿余元。目前,以地毯、玉雕为主导的工艺美术品和矿产、橡胶、软木、化工等五大类 75 个品种已出口美、欧、东南亚等国家和地区,橡胶软木垫、吉仁露酒等 38 种工业产品获省部级优质产品称号。

全县初步形成了以内乡仙鹤纸业有限公司(简称仙鹤纸业)、王店造纸厂、马山造纸厂为主的制浆造纸产业,以机械厂、锅厂、纺织配件厂为主的机械加工产业,以软木厂、化肥厂、化工厂为主的化工软木产业,以县水泥厂、泰隆水泥厂、城关冶金建材厂、马山耐火材料厂、庙岗大理石厂、板场花岗岩厂为主的冶金建材产业,以黄金公司为主的多金属矿产开采加工产业,以县地毯厂、马山通祥地毯厂为主的工艺编织产业,以原河南医科大学二药厂、全宇药厂为主的医药加工产业。无碳复写原纸、橡胶软木垫、弹簧储能启动器、PS 版衬纸、铜牌原纸、防滑地毯等是著名产品、知名品牌,畅销国内外,供不应求。造纸产业是河南省重点扶持发展工业,制浆造纸规模达到 5 万 t,全县工业总产值 30 亿元,税利 6 000 多万元。

2008 年全部工业增加值达到 36.8 亿元,比上年增长 10.3%。全部国有及年产品销售收入达到 500 万元以上的非国有工业企业销售收入为 26.5 亿元,比上年增长 42.6%,实现利润 1.01 亿元,增长 29.3%。

2.3.3　农业及其土地利用

内乡县是全国粮食生产基地县、优质小麦良种繁育基地县、优质烟叶生产基地县、朝天椒和伏牛白山羊生产大县,菌、椒、羊、烟、果已成为该县农业的五大支柱。

内乡的香菇,菇型圆整,质白肉厚,细嫩滑脆,香味浓郁,营养丰富,年产量上万吨,远销韩国、日本、新加坡、香港等 10 多个国家和地区。朝天椒,以其色鲜、肉厚、角尖、辣味浓而畅销国内外,种植面积 30 万亩,产量占全国的 1/3。内乡的伏牛白山羊,以其肉质细嫩、肉味鲜美、板皮致密而深受消费者喜爱。内乡县农业科学研究所研制的“豫麦 35”,优质、高产,最高亩产可达600 kg,被农业部指定为“优质面包专用小麦”。“马山牌”烟叶,属津巴布韦香型,被河南省政府确定为首推品牌。北部山区盛产多种优质名贵中药材和山珍,是著名的中药材集散地,山萸肉、六萸、杜仲等已形成规模,产量占全国总产量的20%以上。全县宜林面积168万亩,活立木蓄集量220万 m^3,森林覆盖率达46%,是全国生态农业示范县。

全县土地总面积为23.01万 hm^2,其中农用地18.78万 hm^2,建设用地1.47万 hm^2,未利用地2.76万 hm^2,分别占总面积的81.62%、6.38%、12.0%,已开发利用面积20.25万 hm^2,土地利用率为88%。

2008年全县农作物种植面积121.73万亩,其中粮食作物以小麦、玉米为主,种植面积为73.04万亩,经济作物以花生、芝麻、棉花和烟叶为主,种植面积为26.68万亩,蔬菜种植面积为19.11万亩。

2.3.4 产业集聚区发展现状

产业集聚区主体用地位于城区东北部,总用地面积13.3 km^2,2008年上半年共入驻企业达62家,累计完成项目投资33.8亿元。随着内乡县“工业强县”战略的深入实施,全县工业经济进入了快速发展阶段,一批传统优势产业结构不断优化,规模不断壮大,正向着集群模式发展,初步形成了化工医药、设备制造、农副产品食品加工和造纸四大产业集聚的雏形。

(1)化工医药业。以河南德润化工有限公司(简称德润化工)、神威民爆等为主的化工业有一定的工业基础,在内乡县的工业企业中占据着重要位置。全宇制药靠近原材料产地,是内乡县的新兴企业,符合南阳市域的产业发展政策,有利于产业的发展。

(2)设备制造业。主要以农业机械、纺织配件、石油机械、生活用具等为主。麦山集团具有农机整机制造方面的优势。“双千万”汽车配件项目将在内乡县的工业企业发展格局上产生重要的影响,促进内乡县其他汽车配件企业的发展,有利于南阳汽车零部件基地的发展。

(3)农副产品食品加工业。主要形成光友薯业、飞亚食品、银乔粮油、华泰粮油和龙大牧原等企业,有利于农产品就地转化增值,拉长产业链,带动就业。

(4)造纸业。其是内乡县传统的工业强项,在产业发展的过程中已经引进浙江仙鹤纸业,造纸产业在内乡近阶段的经济发展中还要扮演重要的角色。

仙鹤纸业、西泵公司(“双千万”项目)、内乡县龙大牧原(80万 t 肉食品加工)三个产业龙头项目的建成投产,将对内乡县的工业企业发展格局产生重要影响,成为内乡县工业企业项目的龙头企业,成为内乡县工业企业的标志之一,实现内乡县产业集聚区的分工协作,并成为内乡县工业在全省乃至全国占有重要位置的基础。这三个项目建成投产后,销售收入、利税、利润等经济指标将占集聚区的60%以上,占全县的30%以上。

第 3 章 水环境质量现状调查与评价

本章主要包括 3 大部分的内容:污染源现状调查、主要河流水质现状评价、水环境现状问题分析。根据污染源现状调查、计算结果,分析县域污染物的主要来源及各类污染物的构成与特征,结合河流水质现状评价,分析河流各控制断面水质是否达到水环境功能区划的要求,进一步总结县域污染源治理现状与水环境现状存在的问题及成因。

3.1 污染源现状调查

污染源调查是水环境管理的基础性工作,也是本次内乡县水环境容量核定和总量分解工作的基础。污染源调查的结果,将直接作为水环境容量计算时河流各功能区划河段的输入因子,同时污染源调查、水质评价、容量计算等也是总量分配和水环境综合整治的基础。

3.1.1 调查技术路线

对于水环境容量计算,需要通过污染源调查得到进入某一河流的各个功能区划河段的污水量以及污染物入河量,并结合功能区划和排污口位置等基本信息,通过模型计算得到相应的水环境容量。因此,污染源调查包括水陆对应关系调查和基础数据的调查与计算分析等两个方面。

调查基准年:2008 年。

调查范围:全县 10 个镇、6 个乡。

调查基本单元:先以县辖乡镇为基本单元进行调查统计,然后将污染源数据与水环境功能区相对应。

污染源分类:①点源。重点工业污染源、内乡县污水处理厂、规模化畜禽养殖等。②非点源。城镇生活污染源(除去污水处理厂处理量)、农村生活污染源(含畜禽养殖散养源)、农田径流污染源。本次调查不考虑城镇径流和矿山径流污染源。

数据处理原则:污染源数据与水环境功能区相对应时,点源数据以其排污口位置所在水环境功能区为准,非点源数据按照面积平摊的原则将非点源总量分解到各个水环境功能区,同时水环境容量计算时不考虑面源的模型计算。

3.1.2 污染源产生量、入河量计算方法

本次调查后的计算项目主要是非点源污染源,包括城镇生活污染源(除去污水处理厂处理量)、农村生活污染源(含畜禽养殖散养源)、农田径流污染源等 3 大项。点源污染项目(重点工业污染源、内乡县污水处理厂、规模化畜禽养殖等)仅需调查不需进行计算。

3.1.2.1 污染源产生量的计算方法

污染源产生量主要是指污染源的污水产生量和污染物(COD 和 NH_3-N)产生量,采用排污系数法进行估算。各类污染源产生量的具体计算方法如下。

(1)城镇生活污染源产生量

$$W_{生1p} = N_{城} \times \alpha_1$$

式中:$W_{生1p}$为城镇生活污染源产生量;$N_{城}$ 为城镇人口数;α_1 为城镇生活排污系数。

(2)农村生活污染源产生量

$$W_{生2p} = N_{农} \times \alpha_2$$

式中:$W_{生2p}$为农村生活污染源产生量;$N_{农}$ 为农村人口数;α_2 为农村生活排污系数。

(3)散养畜禽养殖污染源产生量

$$W_{畜禽p} = N_{畜禽} \times \alpha_3$$

式中:$W_{畜禽p}$为畜禽养殖污染源产生量;$N_{畜禽}$为折换成猪后的养殖头数;α_3 为畜禽排污系数。

(4)农田径流污染源产生量

$$W_{农p} = M \times \alpha_4$$

式中:$W_{农p}$为农田污染源产生量;M 为耕地面积;α_4 为农田径流排污系数。

各类污染源排污系数详见表 3-1 和表 3-2。

表 3-1 各类污染源排污系数——污水量

项目	城镇生活(L/(人·d))	农村生活(L/(人·d))	农田径流(kg/(亩·年))	散养畜禽(猪)养殖数(kg/(头·d))
污水量	140	80	174	10

表 3-2 各类污染源排污系数——COD 和 NH_3-N

项目	城镇生活(g/(人·d))	农村生活(g/(人·d))	农田径流(kg/(亩·年))	散养畜禽(猪)养殖数(g/(头·d))
COD	59	16.40	10	50
NH_3-N	7.2	4	2	10

确定表 3-1 和表 3-2 各类污染源排污系数的依据或方法如下。

(1)城镇生活污染源排污系数主要查阅最新出版的《第一次全国污染源普查城镇生活源产排污系数手册》(2008 年 3 月)。

(2)农村生活污染源排污系数主要参考湖北省环境保护厅网站公布的相关数据和内乡县实际确定。

(3)表中农田径流污染源排污系数为标准农田源强系数。标准农田指的是平原,种植作物为小麦,土壤类型为壤土,化肥施用量为 25 ~ 35 kg/(亩·年),降水量在 400 ~ 800 mm 范围内的农田。对于其他农田,对应的源强系数需要 5 个方面的修正。

①坡度修正:土地坡度在 25°以下,流失系数为 1.0 ~ 1.2;土地坡度在 25°以上,流失系数为 1.2 ~ 1.5。

②农田类型修正:旱地的修正系数取 1,水田的修正系数取 1.5,其他类型修正系数取 0.7。

③土壤类型修正:根据土壤成分中的黏土和砂土比例进行分类,分为砂土、壤土和黏土。以壤土修正系数为 1.0;砂土修正系数为 1.0 ~0.8;黏土修正系数为 0.8 ~0.6。

④化肥施用量修正:化肥亩施用量在 25 kg 以下,修正系数取 0.8 ~1.0;在 25 ~35 kg,修正系数取 1.0 ~1.2;在 35 kg 以上,修正系数取 1.2 ~1.5。

⑤降水量修正:年降水量在 400 mm 以下的地区为 0.6 ~1.0;年降水量在400 ~800 mm 的为 1.0 ~1.2;年降水量在 800 mm 以上的为 1.2 ~1.5。

针对内乡县实际,坡度修正主要根据《内乡县地势图》,板场、夏馆、七里坪、马山口为山区,流失系数取 1.4;桃溪、乍曲、瓦亭、师岗为丘陵区,流失系数取 1.1;其他乡镇为平原区,流失系数取 1.0。另外,化肥施用量均按亩施 30 kg 进行修正,取 1.2;由于内乡县主要以旱作为主,土质主要是壤土,降水量在 800 mm 以下,其他修正系数均取 1.0。综合考虑,内乡县所辖乡镇农田径流修正系数及其排污系数见表 3-3 。

表 3-3　农田径流排污系数修正

序号	乡镇名称	修正系数	农田径流排污系数修正后(kg/(亩·年))	
			COD	NH_3-N
1	板场	1.68	16.80	3.36
2	夏馆		16.80	3.36
3	七里坪		16.80	3.36
4	马山口		16.80	3.36
5	桃溪	1.32	13.20	2.64
6	乍曲		13.20	2.64
7	瓦亭		13.20	2.64
8	师岗		13.20	2.64
9	赤眉	1.20	12	2.40
10	余关		12	2.40
11	赵店		12	2.40
12	湍东		12	2.40
13	灌涨		12	2.40
14	王店		12	2.40
15	大桥		12	2.40
16	城关		12	2.40

(4)散养畜禽定义为:猪少于 100 头,或蛋鸡少于 3 000 只,或肉鸡少于 6 000 只,或奶牛少于 20 头,或肉牛少于 40 头。畜禽养殖量换算成猪的换算关系如下:30 只蛋鸡折合为 1 头猪,60 只肉鸡折合为 1 头猪,3 只羊折合为 1 头猪,5 头猪折合为 1 头牛。由于内乡县统计年鉴中以家禽数量统计,本次统计拟定换算关系:45 只家禽折合为 1 头猪。

3.1.2.2　污染源入河量的计算方法

同样地,污染源入河量主要是指污染源的污水入河量及其对应的污染物(COD 和

NH_3-N)入河量,采用入河系数法进行估算,即将各污染源产生量乘以对应的入河系数即可。根据中国环境规划院编制的《全国水环境容量核定技术指南》及其最新修订,点源污染源的入河系数确定方法见表3-4,非点源污染物入河系数在0.01~0.1选取。

表3-4　点源污染源入河系数确定方法

企业至排污口距离(km)	$L\leqslant1$	$1<L\leqslant10$	$10<L\leqslant20$	$20<L\leqslant40$	$L>40$
入河系数	1.0	0.9	0.8	0.7	0.6

另外,当点源排放通过未衬砌明渠入河时,入河系数在原来基础上再折减0.9倍。除内乡县污水处理厂通过衬砌暗管入河(修正系数取1.0)外,其他所有点源排污企业均为未衬砌明渠或暗沟入河(修正系数取0.9)。经调查,并结合最新相关研究成果,内乡县各类污染源入河系数最终取值见表3-5。

表3-5　内乡县各类污染源入河系数

类别	企业名称	企业至排污口距离(km)	入河系数
点源	内乡仙鹤纸业有限公司	2.80	0.81
	河南德润化工有限公司	0.30	0.90
	内乡县紫微地毯有限公司	3.10	0.81
	河南龙大牧原肉食品有限公司	0.05	1.00
	内乡县华升纸业有限公司	0.50	0.90
	内乡县中明兴星纸业有限公司	3	0.81
	内乡县牧原养殖有限公司	—	0.81
	内乡县普象养殖有限公司	—	0.81
	内乡县污水处理厂	0.12	1.00
非点源	城镇生活	—	0.10
	农村生活	—	0.015
	农田径流	—	0.02
	散养畜禽养殖	—	0.015

3.1.3　水陆对应关系调查

水陆对应关系调查主要是确定水环境功能区及其陆上汇流区构成的控制单元,通过建立基于控制单元的污染物排放与水环境质量的输入响应关系,将水环境功能区的陆上汇流区定量化、具体化。

本次调查参照《南阳市地面水环境功能区划分报告》,以内乡县水环境功能区划分结果为基础,结合污染源的分布、各乡镇行政区划、水文数据占有情况等,对原有功能区进行归并整合。通过收集整理有关入河排污口的设置、市政排水管网布置、企业和单位自行设置排污口的现状及规划等资料，筛选出主要水环境功能区的排污控制城镇见表3-6。当一个行政区域的污水排向多个水环境功能区，按面积分摊，见附图三（附图三：内乡县主要河流水环境功能区水陆对应关系示意图）。

表3-6　内乡县主要河流水环境功能区及其控制城镇

水体名称	控制断面		长度(km)	控制城镇	划分功能
	起	止			
湍河	源头	小河	95.60	板场、夏馆、七里坪、赤眉	Ⅱ
	小河	新桥	13.50	赵店(1/3)	Ⅲ
	新桥	前陆营	9.45	赵店(2/3)、湍东、大桥、城关	Ⅳ
	前陆营	杨寨	7.65	—	Ⅳ
默河	源头	坝下	11.64	马山口(1/3)	Ⅱ
	坝下	吕营	43.38	马山口(2/3)、余关、灌涨、王店	Ⅳ
	吕营	杨寨	9.00	—	Ⅳ

注：括号中的分数表示该乡镇非点源污染在该水环境功能区的分摊比例。

3.1.4　污染源产生量调查与计算

按照本章调查技术路线中的污染源分类，本次调查包括以下6项内容：①重点工业污染源；②内乡县污水处理厂；③规模化畜禽养殖；④城镇生活污染源（除去污水处理厂处理量）；⑤农村生活污染源（含畜禽养殖散养源）；⑥农田径流污染源。其中，①②③项为点源，④⑤⑥项为非点源，均调查至乡镇级别。

3.1.4.1　重点工业污染源调查

工业废水是地表水体中最主要的污染源，量大、面广。由于内乡县的工业结构以造纸、化工、机械、冶金建材、丝织地毯、食品加工等为主，因此排放的废污水以造纸、化工工业为主，排放的主要污染物为COD和NH_3-N。

工业污染源调查内容主要包括：企业的基本情况（行业性质、生产规模等）、企业的排污情况（废水排放量、废水处理工艺、主要污染物及其排放浓度和排放量、污水排放去向等），以及企业中远期规划等。下面简要介绍内乡县6家重点工业企业和内乡县污水处理厂及其污染物排放调查情况，县域内其他工业企业污水排放份额较少，不再进一步调查，见附图四（附图四：内乡县主要污染源及排污口分布示意图(2008年)）。

1）内乡仙鹤纸业有限公司

内乡仙鹤纸业有限公司是内乡县委、县政府从浙江招商引资的重点企业，属南阳市“发动机计划”项目之一。公司位于内乡县湍东工业园区、内乡火车站北侧、宛坪高速内乡出口处，占地500余亩，总投资16.5亿元，分三期建成。其中，项目一期投资4.5亿元，工程于2008年6月已建成投产，形成年制浆5万t、年产中高档文化用纸10万t的规模，可实现年销售收入6亿元、利税5 000万元。项目竣工投产后，将成为中西部地区最大规模的麦草、龙须草及林浆纸一体化造纸企业。

项目废水主要来源于制浆生产线产生的洗草水和漂洗废水，其主要处理流程为：先经斜网过滤，然后经初级厌氧沉淀池处理，而后经水解酸化池和生物氧化沟处理并在二级沉淀池进行泥水分离，之后进行化学絮凝沉淀处理。造纸生产线产生的稀白水收集到白水池，泵送至中段水处理，经化学絮凝沉淀处理后与前者混合排放，其水质为：COD_{Cr} 120 ~ 150 mg/L，SS 30 ~ 50 mg/L，色度小于 50 倍，达到现有草浆企业排放标准限值。根据企业发展规划，公司二期项目拟建设年产 10 万 t 漂白草浆生产线、12 万 t 特种用纸，配套 300 t/d 草浆碱回收工程和 3 万 m^3/d 中段水生物处理工程及 5 万 m^3/d 人工湿地废水深度处理工程。

目前，一期项目水源工程为湍河供水站，日供水 2.5 万 m^3。项目总排污混凝土明渠长 2.5 km，入牡珠沟河，交汇口离湍河 300 m，入河后伴行 1.0 km 与湍河水完全混合。三期项目工程建成后，日需水量 4.8 万 m^3，不再从湍河取水，拟从赤眉镇斩龙岗中型水库利用管道引水。达标处理后的废水用排水管道汇集后直接排入牡珠沟河后流入湍河。

2）河南德润化工有限公司

河南德润化工有限公司筹建于 1969 年，投产于 1972 年，属国有企业。公司位于内乡县湍东工业园区（湍东镇张岗村），占地 12.9 万 m^2，经过 30 多年的积累和发展，已成为集建筑涂料、化工助剂、化肥研究开发和生产于一体的化工企业。目前，企业已形成 8 万 t 合成氨、32 万 t 碳铵、5 万 t 甲醇、3 万 t 高效复混肥、8 000 t“仲尼”牌纳米改性环保型乳胶漆、800 万条塑料编织袋的生产规模，拥有固定资产 1.2 亿元，流动资产 6 100 万元。

公司合成氨生产过程中产生的废水主要是循环冷却水，其主要污染物为 SS、COD、NH_3-N、硫化物、石油类、挥发酚等。近几年来，公司先后建成了碳化冷却水闭路循环系统，压缩、合成冷却水闭路循环系统，造气锅炉除尘水循环系统和脱硫造气冷却水处理循环系统，实际运行能力达 6 800 m^3/h。公司计划利用五年时间，新增 ¢2800 造气炉 4 台、MH92 压缩机 2 台、¢1400 氨合成系统一套，对其他工艺实施配套优化技术改造，使公司合成氨生产规模达到 12 万 ~15 万 t/a。预计新增冷却水用量 240 万 ~300 万 t/a，每天约新增冷却水用量 0.9 万 ~1 万 t，建立闭路循环系统后，水的重复利用率可达 98% 以上，整个生产系统排水量每小时新增 5 ~6 t 入终端水处理站，可保证终端水处理站满负荷运行。

生产厂区的废水经格栅后进入厂区内的集水池，然后泵送入污水处理站区内的冷却塔，降温后进入初沉池，上清液自流进入调节池，在调节池内均衡水质、水量。均衡后的水通过池内设置的提升泵提升送入缺氧池一段，而后依次进入好氧池一段、缺氧池二段、好氧池二段，好氧池二段出水自流进入二级沉淀池，二级沉淀池出水进入絮凝沉淀池，在此通过投加合适的化学药剂，使水中的污染物质得到更加彻底的去除，上清液达标排放。污水处理工艺流程如图 3-1 所示。

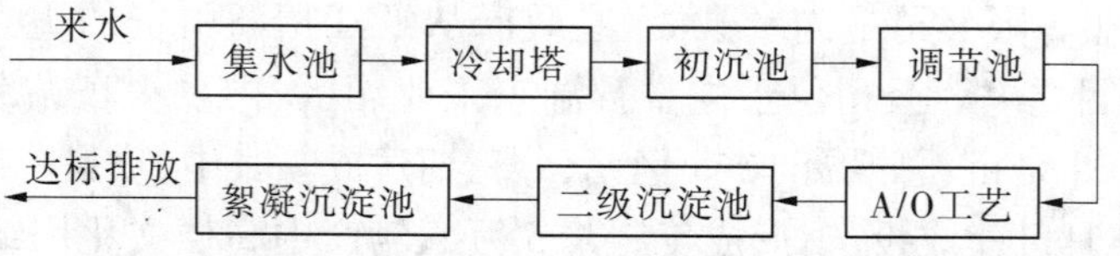

图 3-1　终端水处理工艺流程（河南德润化工有限公司）

2008 年 5 月，该公司的 A/O 终端水处理工程完工，并由南阳市环境监测站进行了现场验收监测。验收监测期间，日均生产合成氨250 t，碳铵1 000 t，达到其设计生产负荷的100%。根据相关数据统计分析，该工程的实施可以削减COD 114.8 t/a、NH_3 - N 21.2 t/a。废水经总排放口排入牡珠沟河300 m后汇入湍河。

3）内乡县紫微地毯有限公司（简称紫微地毯）

公司位于内乡县工业园区内（湍东镇五里堡），占地30亩，设备170台（套），拥有年产1 500 t（40万条）工艺毛毯生产线，主要批量生产高档工艺毛毯和部分坯布。公司准备在五年内再新增一条年产1 500 t（40万条）工艺毛毯生产线。

公司生产过程中的废水污染主要来源于在图案印制和固色水洗阶段对半成品织物进行印染和洗涤而产生，属于工业印染污水，日排放量200～220 t，污水中的有机成分含量较高。终端水治污流程为：首先使污水流经特制过滤网除去较大的漂浮及悬浮污染物，然后流入调节池，再经曝气过滤池进行过氧处理，对污水氧化分解后，投加混凝剂及絮凝剂流入混合反应池对污水进行电化学处理，使得污水中的污染物被吸附形成絮状物体沉淀。处理后的污水能达到排放标准，经渠道汇水排入湍河（见图3-2）。

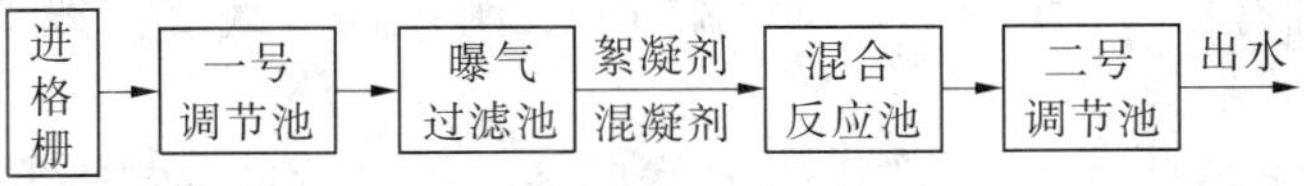

图3-2　终端水处理工艺流程（内乡县紫微地毯有限公司）

4）河南龙大牧原肉食品有限公司（简称龙大牧原）

河南龙大牧原肉食品有限公司是一家民营企业，性质为有限责任公司，由山东龙大肉食品有限公司与河南省内乡县牧原养殖有限公司共同投资组建，成立于2008年5月，位于南阳市内乡县城东工业园区（灌涨镇前湾村），占地168.5亩，建筑面积约3万m^2。总投资2.6亿元，注册资金6 000万元，年屠宰生猪80万头。

该项目废水产生量为1 463 m^3/d，其中制冷系统循环水池的循环用水需定期排放，排放量为7 m^3/d，其水质较好，可用于冲洗待宰间；锅炉房软化水制备产生的含盐废水量为4 m^3/d，经酸碱中和后，用于锅炉除尘器补水；屠宰间生产废水、分割与综合加工间生产废水、冲洗待宰间废水、洗车废水、清洗设备与冲洗地面废水、生活污水送入厂区拟建污水处理站处理，进入污水处理站的水量为1 452 m^3/d，主要污染物的pH值为7.6、COD为2 534 mg/L、BOD_5为1 184 mg/L、SS为1 251 mg/L、NH_3 - N为70 mg/L、动植物油为159 mg/L、大肠杆菌为4.0亿个/L。

污水处理站拟采用“预处理＋水解酸化＋SBR”的处理工艺，废水处理后污染物的pH值为7.6、COD为92 mg/L、BOD_5为37 mg/L、SS为74 mg/L、NH_3 - N为18 mg/L、动植物油为16 mg/L、大肠杆菌为30个/L，可以达到《肉类加工工业水污染物排放标准》（GB 13457—92）中的二级排放标准。为节约新鲜用水，拟对污水处理站出水部分进行深度处理后回用，回用水量为41 m^3/d，拟采用“混凝沉淀＋砂滤”处理工艺进行处理。处理后出水水质SS为75.3 mg/L、BOD_5为7.1 mg/L、NH_3 - N为6.8 mg/L、大肠杆菌≤3个/L，可以满足《城市污水再生利用城市杂用水水质标准》（GB/T 18920—2002），中水主要用于冲洗待宰间。其余废水全部排入默河，向南最终汇入湍河，废水排放量为1 411 m^3/d。

5)内乡县华升纸业有限公司(简称华升纸业)

内乡县华升纸业有限公司位于内乡县城东关湍河老桥西头向南500 m处,东临湍河100 m左右,主要生产牛皮箱板纸、普通箱板纸、茶板纸等,年生产能力3 t。自2002年以来实现产值6 000万元,利税560万元。

该公司结合自身废水特点,采用了同济大学的生化加物化废水处理工艺,设计处理规模为200 m^3/h。废水经过沉砂池先把较大颗粒的泥砂自然沉淀下来,然后流入调节池,加入一定量絮凝剂后自行流入平流沉淀池,沉淀后的水自流入清水回用池,70%用于碎浆及洗浆,30%用于生物接触,氧化工艺进一步处理,从而确保污染能够满足排放要求。根据内乡县环境监测站2006年对该公司废水治理设施验收,检测结果显示COD排放浓度在90 mg/L以下,悬浮物在90 mg/L以下,能够实现达标排放。

6)内乡县中明兴星纸业有限公司(简称中明兴星)

内乡县中明兴星纸业有限公司是河南省内乡县的民营股份制企业(原内乡县第二造纸厂),始组建于1978年。该公司位于内乡县马山口镇庵北村,占地9.65万m^2,固定资产7 810万元。拥有各类大、中型长网多缸、短长网多缸造纸生产线7条,年生产能力4万t。

2004年,该公司在淘汰了麦草制浆生产线后,引进了废水脱墨制浆生产线设备,运用浮选法脱墨闭路水循环利用新工艺,浆料白度高,废水污染轻,节能效果好,属国内最先进的专利技术。其工艺流程是:废纸→碎浆→筛选→脱墨→除渣→洗涤→浓缩→漂白→洗涤。

2008年,该公司开展了废水治理工程,其治污技术采用浅层气浮加生化处理工艺,经过三个月的菌类培养与试运行调试,在正常的生产期处理后的废水水质COD为64 mg/L、SS为41 mg/L、pH值为7.2,符合排放标准,经排水渠排入默河。

7)工业污染源汇总

根据以上调查,相关数据结果汇总见表3-7。由表3-7可以看出,内乡县重点工业每年污水排放总量为842.46万t,COD和NH_3-N排放总量分别为1 175.56 t和11.49 t。工业企业的COD排放较多,NH_3-N排放则相对较少。另外,重点工业污染源企业中,又以仙鹤纸业的污水和COD排放占绝大部分(见图3-3),而NH_3-N排放则以龙大牧原相对较多。

表3-7　内乡县重点工业污染源排放量调查汇总

序号	企业名称	企业至排污口距离(km)	污水排放量(万t/a)	污染物浓度(mg/L)		污染物排放量(t/a)		所在乡镇	排污去向
				COD	NH_3-N	COD	NH_3-N		
1	仙鹤纸业	2.80	746	120~150	—	1 100	—	湍东	湍河
2	德润化工	0.30	30.87	92.35	15	28.52	4.63	湍东	湍河
3	紫微地毯	3.10	1.82	<100	<0.03	1.82	—	湍东	湍河
4	龙大牧原	0.05	51.50	69.90	13.32	36	6.86	灌涨	默河
5	华升纸业	0.50	5.26	<90	—	4.73	—	城关	湍河
6	中明兴星	3	7.01	64	—	4.49	—	马山口	默河
工业污染源汇总		—	842.46	—	—	1 175.56	11.49	—	—

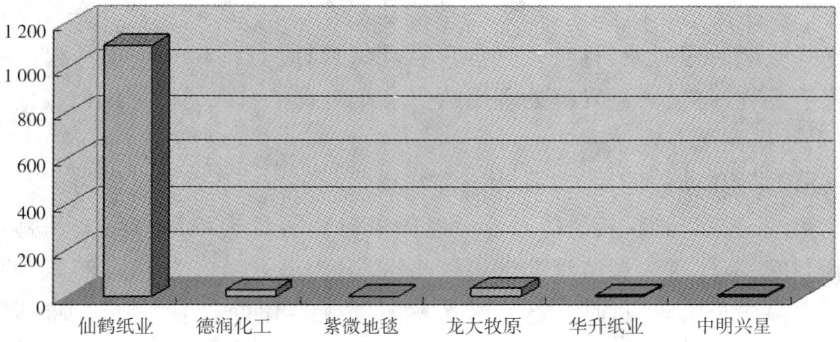

图 3-3　内乡县重点工业污染源排放量对比

3.1.4.2　内乡县污水处理厂

内乡县污水处理厂位于内乡县城南 2 km 处的大桥乡大徐坡村，东为湍河，南为黄水河。工程总投资 5 818 万元，设计能力为日处理污水 3 万 t。项目一期工程（污水处理能力为 1.5 万 m^3/d）于 2006 年建成投入运行，2007 年通过环保验收，实际收水范围东至湍河西岸，西至环西大道，南至黄水河北岸，北至 312 国道，面积 9.5 km^2，实际收水中工业废水与生活污水比例为 1.26∶1，服务区人口 8 万余人。二期扩建工程（污水处理能力为 3.0 m^3/d）也于 2009 年 4 月开工建设，建成后实际收水能力将覆盖全城区。

污水处理厂污水处理主要采用改良型氧化沟工艺，具体流程见图 3-4。现今污水日处理负荷为 93% ~97%，污染治理设施正在稳定进行，日处理能力 1.42 万 ~1.45 万 t，进口水质 COD 为 330 mg/L、NH_3-N 为 30 mg/L，出口水质 COD 为 45 mg/L、NH_3-N 为 7.5 mg/L，能够达到国家二级排放标准，废水经排放口排入湍河。

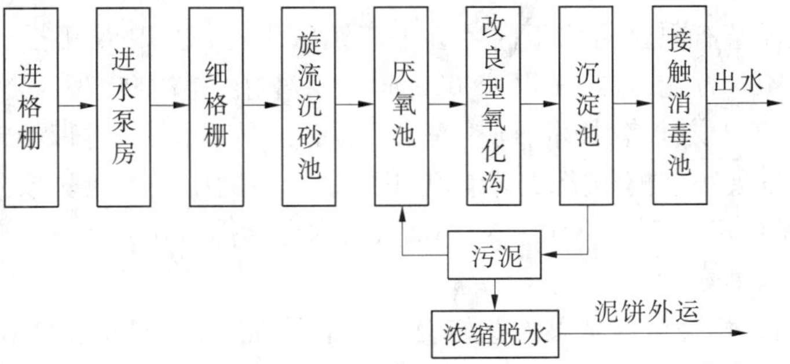

图 3-4　内乡县污水处理厂污水处理工艺流程

3.1.4.3　规模化畜禽养殖污染源调查

主要调查规模化畜禽养殖企业的养殖种类和规模、年用水量及排水量、排污方式及处理工艺。经调查，内乡县主要有 2 家规模化畜禽养殖企业，现分别简要介绍。

1）内乡县牧原养殖有限公司

内乡县牧原养殖有限公司是一家大型专业养猪企业，始建于 1992 年，目前公司总资产达 5 亿多元，建有 12 个现代化大型养猪场（分布于默河沿岸灌涨、马山口、王店三镇），1 个年产 30 万 t 的大型饲料厂，占地 5 500 余亩，建筑面积 50 万 m^2。年产瘦肉型商品猪 50 万头，成为集约化养猪规模全国第一、出栏量居全国第二的大型现代化农牧集团。

由于公司产生的污水量较大,污染物浓度也较高,曾引起默河严重污染。2008 年被南阳市确定为限期治理对象,且被列为县政府环保目标。自 2008 年 6 月起,各分厂相继铺设施肥管道工程,将经厌氧发酵处理后的沼液作为农肥引入场区周围的杨树林,不排入默河,默河水质得到了一定改善。

目前,公司采用"猪—沼—农"的生态养猪模式,粪液处理工艺流程为:粪污通过粪渠进入过滤池粗滤,去除药瓶、料袋等杂物。经固液分离机分离出固体猪粪,固体粪污送至干化场晾晒制肥;液体进入调节沉淀池进一步沉淀,含砂滤液经自然沉淀,定期将沉砂抽出。再由污水泵送至厌氧反应器,污水经厌氧发酵无害化处理后,去除 70% 以上的有机物,出水沼液可利用浇灌农林地、回冲猪舍等方式综合处理,如图 3-5 所示。

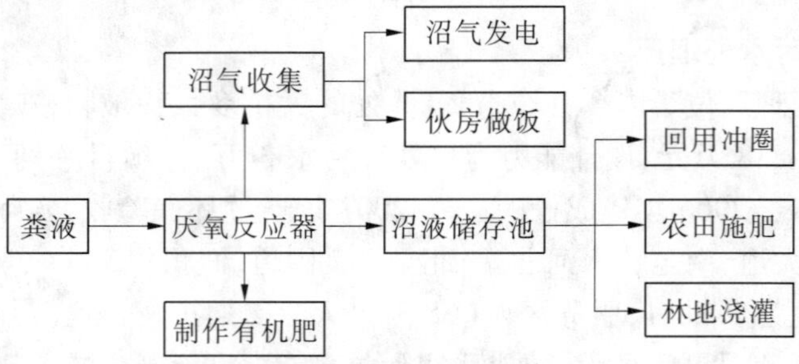

图 3-5　内乡县牧原养殖有限公司污水处理工艺流程

根据内乡县环保局开展的关于县域重点水污染企业最新调查结果,2008 年内乡县牧原养殖有限公司日处理废水 1 200 t,日排放 COD 23 t、NH_3-N 2.3 t,全部排向默河。

2) 内乡县普象养殖有限公司

内乡县普象养殖有限公司位于内乡县王店镇宋沟村,是 1996 年投资创办的民营企业。企业总投资 480 万元,建筑面积 15 000 m^2,现存栏生猪 2 000 头。公司采用"公司 + 农户"模式,为农户提供种猪、技术、饲料等全程服务。目前,已辐射带动宋沟、四张、周营等村上百户农民发展小规模养猪,日渐成为王店镇养殖的中坚力量。该公司目前日处理废水 50 t,日排放 COD 0.28 t、NH_3-N 0.02 t,污水全部排向默河。

3) 规模化畜禽养殖污染源汇总

根据以上调查,相关数据结果汇总如表 3-8 所示。由表 3-8 可以看出,目前对河流产生污染的企业主要是牧原养殖有限公司,普象养殖有限公司污染物排放量则相对较少,将其全部计入现状年规模化畜禽养殖污染源排放。但未来年有必要对上述企业进行粪液限期治理,争取做到污染物的零排放。

表 3-8　规模化畜禽养殖污染源调查统计

养殖场名称	养殖规模（生猪存栏数）	污水排放量（万 t/a）	污染物排放量(t/a)		污水排放去向
			COD	NH_3-N	
牧原养殖有限公司	115 050	43.80	8 395	839.50	默河
普象养殖有限公司	2 000	1.82	102.20	7.30	默河

3.1.4.4　城镇生活污染源调查

城镇生活污染源产生量的计算方法以及对应排污系数的确定详见第 3.1.2.1 部分。由于《内乡县 2008 年统计公报》中只给出了当年总人口为 65.05 万人，未给出各乡镇非农业人口数量，而《内乡县 2007 年国民经济统计提要》给出了各乡镇非农业人口数量，所以，按同比例放大的方法得到 2008 年各乡镇非农业人口数量。据此，计算出 2008 年内乡县城镇生活污水产生总量为 578.44 万 t，COD 和 NH_3-N 产生总量分别为 2 437.76 t和 297.47 t。

各乡镇城镇生活污染源产生量计算结果详见表 3-9。表 3-9 表明，城关镇城镇生活污染源产生量占整个内乡县近一半的比例，具有举足轻重的作用。这主要是因为城关镇的人口相对集中，其非农业人口也几乎占全县非农业人口的一半，而排污系数法本身就决定了城镇生活污染源产生量与非农业人口是成正比的。

表 3-9　内乡县各乡镇城镇生活污染源产生量

乡镇名称	非农业人口（人）	排污系数			产生量		
		污水（L/（人·d））	COD（g/（人·d））	NH_3-N（g/（人·d））	污水（万 t/a）	COD（t/a）	NH_3-N（t/a）
大桥	1 630	140	59	7.20	8.33	35.10	4.28
赵店	1 759	140	59	7.20	8.99	37.88	4.62
余关	1 340	140	59	7.20	6.85	28.86	3.52
乍曲	1 177	140	59	7.20	6.01	25.35	3.09
桃溪	937	140	59	7.20	4.79	20.18	2.46
板场	634	140	59	7.20	3.24	13.65	1.67
七里坪	852	140	59	7.20	4.35	18.35	2.24
城关	56 067	140	59	7.20	286.50	1 207.39	147.34
师岗	7 349	140	59	7.20	37.55	158.26	19.31
夏馆	4 442	140	59	7.20	22.70	95.66	11.67
马山口	10 121	140	59	7.20	51.72	217.96	26.60
湍东	6 621	140	59	7.20	33.83	142.58	17.40
赤眉	7 144	140	59	7.20	36.51	153.85	18.77
瓦亭	4 609	140	59	7.20	23.55	99.25	12.11
王店	4 083	140	59	7.20	20.86	87.93	10.73
灌涨	4 435	140	59	7.20	22.66	95.51	11.66
合计	113 200	—	—	—	578.44	2 437.76	297.47

3.1.4.5　农村生活污染源调查

农村生活污染主要包括农村居民排出的生活污水以及散养家禽家畜排出的污水对环境造成的污染。农村生活污染源产生量的计算方法以及对应排污系数的确定详见第 3.1.2.1 部分。同样地，各乡镇农村人口也是根据 2007 年人口数据同比例放大得到 2008 年各乡镇农业人口。

根据内乡县环保局提供的 2008 年全县各乡镇畜禽养殖数据，并将其折合成生猪头数即可计算出农村散养畜禽的污染源产生量。

经计算,2008 年内乡县农村生活污水产生总量为 1 629.08 万 t,COD 和 NH_3-N 产生总量分别为 6 224.44 t 和 1 386.09 t。农村居民生活和散养畜禽污水产生量分别为 1 568.91 万 t和 60.17 万 t,分别占农村生活污水产生总量的 96.31% 和 3.69%;COD 产生量分别为 3 216.27 t 和 3 008.17 t,分别占 COD 产生总量的 51.67% 和 48.33%;NH_3-N 产生量分别为 784.46 t 和 601.63 t,分别占 NH_3-N 产生总量的 56.60% 和 43.40%,见表 3-10。农村生活污染物产生总量中,与散养畜禽相比,农村居民生活产生的污水量较多,但 COD 和 NH_3-N 产生量则相差不大,这主要是因为散养畜禽数量较大,且 COD 和 NH_3-N 排放系数较大。所以,农村生活污染物产生量以农村居民生活为主。

各乡镇农村居民生活及畜禽养殖污染源产生量计算结果详见表 3-11 和表 3-12。不难看出,师岗镇农村人口较多,农村居民生活污染源产生量也较多,其次为湍东镇。马山口镇折算后的散养畜禽数量较多,畜禽养殖污染源产生量也较多,其次为师岗镇和湍东镇。

表 3-10 内乡县农村生活污染源产生量汇总

污染源	污水		COD		NH_3-N	
	数量(万 t/a)	比例(%)	数量(t/a)	比例(%)	数量(t/a)	比例(%)
农村居民	1 568.91	96.31	3 216.27	51.67	784.46	56.60
畜禽养殖	60.17	3.69	3 008.17	48.33	601.63	43.40
合计	1 629.08	100	6 224.44	100	1 386.09	100

表 3-11 内乡县各乡镇农村居民生活污染源产生量

乡镇名称	农村人口(人)	排污系数			产生量		
		污水(L/(人·d))	COD(g/(人·d))	NH_3-N(g/(人·d))	污水(万 t/a)	COD(t/a)	NH_3-N(t/a)
大桥	31 588	80	16.40	4	92.24	189.09	46.12
赵店	44 752	80	16.40	4	130.68	267.89	65.34
余关	36 572	80	16.40	4	106.79	218.92	53.40
乍曲	29 020	80	16.40	4	84.74	173.71	42.37
桃溪	25 127	80	16.40	4	73.37	150.41	36.69
板场	10 679	80	16.40	4	31.18	63.92	15.59
七里坪	15 181	80	16.40	4	44.33	90.87	22.16
城关	6 463	80	16.40	4	18.87	38.69	9.44
师岗	57 137	80	16.40	4	166.84	342.02	83.42
夏馆	19 683	80	16.40	4	57.47	117.82	28.74
马山口	47 989	80	16.40	4	140.13	287.26	70.06
湍东	51 424	80	16.40	4	150.16	307.82	75.08
赤眉	40 980	80	16.40	4	119.66	245.31	59.83
瓦亭	26 164	80	16.40	4	76.40	156.62	38.20
王店	46 616	80	16.40	4	136.12	279.04	68.06
灌涨	47 924	80	16.40	4	139.93	286.88	69.96
合计	537 299	—	—	—	1 568.91	3 216.27	784.46

表 3-12　内乡县各乡镇散养畜禽养殖污染源产生量

乡镇名称	散养畜禽量					排污系数			产生量		
	家禽(只)	羊(头)	生猪(头)	牛(头)	折合猪(头)	污水(kg/(头·d))	COD(g/(头·d))	NH_3-N(g/(头·d))	污水(万 t/a)	COD(t/a)	NH_3-N(t/a)
大桥	67 716	4 919	9 663	210	13 857	10	50	10	5.06	252.90	50.58
赵店	51 771	6 285	9 153	229	13 543	10	50	10	4.94	247.17	49.43
余关	23 333	8 652	6 213	464	11 936	10	50	10	4.36	217.82	43.56
乍曲	14 002	10 715	5 580	248	10 703	10	50	10	3.91	195.33	39.07
桃溪	11 871	7 760	4 076	161	7 731	10	50	10	2.82	141.10	28.22
板场	15 114	5 600	1 243	263	4 761	10	50	10	1.74	86.88	17.38
七里坪	15 934	6 193	3 443	241	7 066	10	50	10	2.58	128.96	25.79
城关	6 848	596	841	40	1 392	10	50	10	0.51	25.40	5.08
师岗	53 284	6 280	11 781	353	16 823	10	50	10	6.14	307.03	61.41
夏馆	22 127	6 384	3 210	231	6 985	10	50	10	2.55	127.47	25.49
马山口	61 640	7 727	12 614	453	18 824	10	50	10	6.87	343.55	68.71
湍东	74 354	5 562	10 732	286	15 668	10	50	10	5.72	285.95	57.19
赤眉	86 336	6 928	6 089	364	12 137	10	50	10	4.43	221.50	44.30
瓦亭	25 183	5 704	4 890	243	8 566	10	50	10	3.13	156.33	31.27
王店	92 277	2 430	3 986	289	8 292	10	50	10	3.03	151.32	30.26
灌涨	40 274	3 850	3 203	233	6 547	10	50	10	2.37	119.46	23.89
合计	662 064	95 585	96 717	4 308	164 831	—	—	—	60.16	3 008.17	601.63

3.1.4.6　农田径流污染源调查

农田径流污染源产生量的计算方法以及对应排污系数的确定详见第 3.1.2.1 部分。由于内乡县统计年鉴没有翔实的各乡镇耕地面积数据,本次规划中各乡镇耕地面积数据主要收集于内乡县亲民网(http://www.neixiang.gov.cn/qm/)。

经计算,2008 年内乡县农田径流污水产生总量为 15.82 万 t,COD 和 NH_3-N 产生总量分别为 9 093.73 t 和 1 818.75 t。各乡镇农田径流污染源产生量计算结果详见表 3-13。虽然不同乡镇由于地形差异修正系数有所不同,但农田径流污染源产生量基本上还是与农田耕地面积正相关。不难看出,师岗镇耕地面积较大,农田径流污染源产生量也较多,其次为湍东、灌涨、王店、赵店。

表 3-13　内乡县各乡镇农田径流污染源产生量

乡镇名称	耕地面积（万亩）	修正系数	农田径流排污系数修正后（kg/(亩·年)）			污染源产生量		
			污水	COD	NH_3-N	污水（万 t/a）	COD（t/a）	NH_3-N（t/a）
大桥	2.39	1.20	208.80	12.0	2.40	0.50	286.20	57.24
赵店	6.80	1.20	208.80	12.0	2.40	1.42	816	163.20
余关	6.15	1.20	208.80	12.0	2.40	1.28	738	147.60
乍曲	3.40	1.32	229.68	13.2	2.64	0.78	448.80	89.76
桃溪	2.60	1.32	229.68	13.2	2.64	0.60	343.20	68.64
板场	0.78	1.68	292.32	16.8	3.36	0.23	131.04	26.21
七里坪	1.52	1.68	292.32	16.8	3.36	0.44	255.46	51.09
城关	0.11	1.20	208.80	12.0	2.40	0.02	13.15	2.63
师岗	9.12	1.32	229.68	13.2	2.64	2.09	1 203.84	240.77
夏馆	1.45	1.68	292.32	16.8	3.36	0.42	243.60	48.72
马山口	4.65	1.68	292.32	16.8	3.36	1.36	781.64	156.33
湍东	7.70	1.20	208.80	12.0	2.40	1.61	924	184.80
赤眉	4.90	1.20	208.80	12.0	2.40	1.02	588	117.60
瓦亭	4.30	1.32	229.68	13.2	2.64	0.99	567.60	113.52
王店	7.11	1.20	208.80	12.0	2.40	1.48	853.20	170.64
灌涨	7.50	1.20	208.80	12.0	2.40	1.58	900	180
合计	70.48	—	—	—	—	15.82	9 093.73	1 818.75

3.1.4.7　污染源产生量汇总

根据以上分类调查统计结果，以乡镇为基本单元对各污染源污水产生量、COD 产生量和 NH_3-N 产生量分别进行汇总，并按照污染源类型（点源和非点源）进行分类统计，汇总结果见表 3-14，各类污染源占总产生量的比例见表 3-15，各乡镇的具体产生量结果见表 3-16 ~ 表 3-18。值得说明的是，由于城关镇的大部分城镇生活污水进入污水处理厂进行集中处理，非点源污染中的城镇生活污水不再计入。

由表 3-14 可以看出，2008 年内乡县污水产生总量为 3 348.70 万 t，点源和非点源分别占 42.16% 和 57.84%，非点源污水产生量中主要是农村生活污水排放，点源污水产生量中则主要是湍东工业区的工业污水排放和污水处理厂污水排放(见表 3-15)。同样地，2008 年内乡县 COD 产生总量为 26 457 t，点源污染占 37.45%，主要是规模化养殖，其次为工业和污水处理厂(见图 3-6)，非点源污染占了 62.55%，主要是农田径流与农村生活。另外，2008 年内乡县 NH_3-N 产生总量为 4 252.56 t，点源污染占 21.11%，主要是规模化养殖，其次为污水处理厂和工业(见图 3-6)；非点源污染占了 78.89%，主要是农田径流与农村生活。

表 3-14　2008 年内乡县各类污染源产生量汇总

污染类型	点源				非点源				合计
	工业	污水处理厂	规模养殖	小计	城镇生活	农村生活	农田径流	小计	
污水(万 t)	842.46	523.78	45.62	1 411.86	291.94	1 629.08	15.82	1 936.84	3 348.70
COD(t)	1 175.56	235.70	8 497.20	9 908.46	1 230.37	6 224.44	9 093.73	16 548.54	26 457
NH_3-N(t)	11.49	39.28	846.80	897.57	150.15	1 386.09	1 818.75	3 354.99	4 252.56

表 3-15　内乡县各类污染源占污染源总产生量的比例　(%)

编号	①	②	③	④	⑤			⑥	(一)	(二)
污染类型	工业	污水处理厂	规模养殖	城镇生活	农村生活			农田径流	点源	非点源
					农村居民	散养畜禽	小计			
污水	25.16	15.64	1.36	8.72	46.85	1.80	48.65	0.47	42.16	57.84
COD	4.44	0.89	32.12	4.65	12.16	11.37	23.53	34.37	37.45	62.55
NH_3-N	0.27	0.92	19.91	3.53	18.45	14.15	32.60	42.77	21.11	78.89

表 3-16　内乡县各乡镇污水产生量汇总　(单位：万 t/a)

乡镇名称	点源				非点源				合计
	工业	污水处理厂	规模养殖	小计	城镇生活	农村生活	农田径流	小计	
大桥	0	523.78	0	523.78	8.33	97.29	0.50	106.12	629.90
赵店	0	0	0	0	8.99	135.62	1.42	146.03	146.03
余关	0	0	0	0	6.85	111.15	1.28	119.28	119.28
乍曲	0	0	0	0	6.01	88.64	0.78	95.43	95.43
桃溪	0	0	0	0	4.79	76.19	0.60	81.58	81.58
板场	0	0	0	0	3.24	32.92	0.23	36.39	36.39

续表 3-16

乡镇名称	点源				非点源				合计
	工业	污水处理厂	规模养殖	小计	城镇生活	农村生活	农田径流	小计	
七里坪	0	0	0	0	4.35	46.91	0.44	51.70	51.70
城关	5.26	0	0	5.26	0	19.38	0.02	19.40	24.66
师岗	0	0	0	0	37.55	172.98	2.09	212.62	212.62
夏馆	0	0	0	0	22.70	60.02	0.42	83.14	83.14
马山口	7.01	0	17.02	24.03	51.72	147	1.36	200.08	224.11
湍东	778.69	0	0	778.69	33.83	155.88	1.61	191.32	970.01
赤眉	0	0	0	0	36.51	124.09	1.02	161.62	161.62
瓦亭	0	0	0	0	23.55	79.53	0.99	104.07	104.07
王店	0	0	9.26	9.26	20.86	139.15	1.48	161.49	170.75
灌涨	51.50	0	19.34	70.84	22.66	142.33	1.58	166.57	237.41
合计	842.46	523.78	45.62	1 411.86	291.94	1 629.08	15.82	1 936.84	3 348.70

表 3-17 内乡县各乡镇 COD 产生量汇总 （单位：t/a）

乡镇名称	点源				非点源				合计
	工业	污水处理厂	规模养殖	小计	城镇生活	农村生活	农田径流	小计	
大桥	0	235.70	0	235.70	35.10	441.98	286.20	763.28	998.98
赵店	0	0	0	0	37.88	515.05	816	1 368.93	1 368.93
余关	0	0	0	0	28.86	436.74	738	1 203.60	1 203.60
乍曲	0	0	0	0	25.35	369.04	448.80	843.19	843.19
桃溪	0	0	0	0	20.18	291.51	343.20	654.89	654.89
板场	0	0	0	0	13.65	150.80	131.24	295.69	295.69
七里坪	0	0	0	0	18.35	219.84	255.46	493.65	493.65
城关	4.73	0	0	4.73	0	64.09	13.15	77.24	81.97
师岗	0	0	0	0	158.26	649.05	1 203.84	2 011.15	2 011.15
夏馆	0	0	0	0	95.66	245.29	243.60	584.55	584.55
马山口	4.49	0	3 262.71	3 267.20	217.96	630.81	781.64	1 630.41	4 897.61
湍东	1 130.34	0	0	1 130.34	142.58	593.77	924	1 660.35	2 790.69
赤眉	0	0	0	0	153.85	466.80	588	1 208.65	1 208.65
瓦亭	0	0	0	0	99.25	312.95	567.60	979.80	979.80
王店	0	0	1 527.84	1 527.84	87.93	430.37	853	1 371.30	2 899.14
灌涨	36	0	3 706.65	3 742.65	95.51	406.35	900	1 401.86	5 144.51
合计	1 175.56	235.70	8 497.20	9 908.46	1 230.37	6 224.44	9 093.73	16 548.54	26 457

表 3-18　内乡县各乡镇 NH_3-N 产生量汇总　（单位:t/a）

乡镇名称	点源				非点源				合计
	工业	污水处理厂	规模养殖	小计	城镇生活	农村生活	农田径流	小计	
大桥	0	39.28	0	39.28	4.28	96.69	57.24	158.21	197.49
赵店	0	0	0	0	4.62	114.77	163.20	282.59	282.59
余关	0	0	0	0	3.52	96.96	147.60	248.08	248.08
乍曲	0	0	0	0	3.09	81.43	89.76	174.28	174.28
桃溪	0	0	0	0	2.46	64.91	68.64	136.01	136.01
板场	0	0	0	0	1.67	32.97	26.21	60.85	60.85
七里坪	0	0	0	0	2.24	47.96	51.09	101.29	101.29
城关	0	0	0	0	0	14.52	2.63	17.15	17.15
师岗	0	0	0	0	19.31	144.83	240.77	404.91	404.91
夏馆	0	0	0	0	11.67	54.23	48.72	114.62	114.62
马山口	0	0	326.27	326.27	26.60	138.77	156.33	321.70	647.97
湍东	4.63	0	0	4.63	17.40	132.27	184.80	334.47	339.10
赤眉	0	0	0	0	18.77	104.13	117.60	240.50	240.50
瓦亭	0	0	0	0	12.13	69.47	113.52	195.12	195.12
王店	0	0	149.87	149.87	10.73	98.32	170.64	279.69	429.56
灌涨	6.86	0	370.66	377.52	11.66	93.86	180	285.52	663.04
合计	11.49	39.28	846.80	897.57	150.15	1 386.09	1 818.75	3 354.99	4 252.56

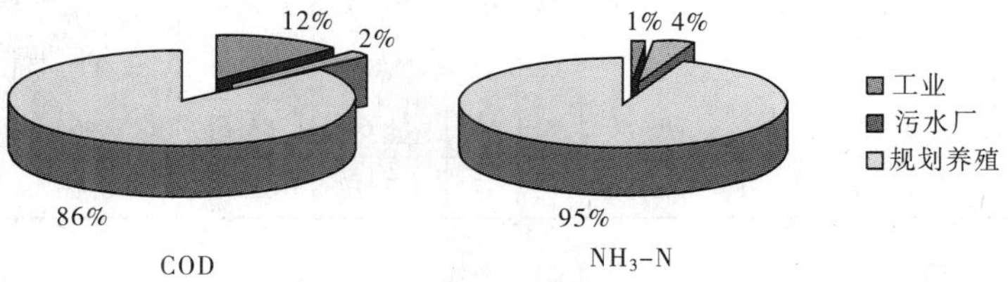

图 3-6　内乡县点源污染物产生比例分布

3.1.5　污染源入河量调查与计算

根据中国环境规划院《全国水环境容量核定技术指南》关于水环境容量核定工作的要求，各主要污染源的排放需对应到具体的水环境功能区。本次调查分析的水陆对应关系详见第 3.1.3 部分。经过归并整合，湍河被划分为 3 个主要水环境功能区段，即源头—小河、小河—新桥、新桥—前陆营；默河被划分为 2 个主要水环境功能区段，即源头—坝下、坝下—吕营。根据各水环境功能区段的控制排污城镇，重新汇总计算各水环境功能区段的污染源产生量，见表 3-19。根据第 3.1.2.1 部分污染源入河量计算方法及其确定的各污染源入河系数，计算各水环境功能区污染源实际入河量，见表 3-20。

根据内乡县实际，湍河上的“新桥—前陆营”和默河上的“坝下—吕营”功能区段为本次调查统计的重点水环境功能区段，为方便后面章节的计算分析，特别地对整个内乡县以及这2个重点水环境功能区段污染源入河量作进一步分类汇总，并做了比例分析，见表3-21和表3-22。为进一步分析农村生活污染源组成，将农村居民生活和散养畜禽养殖统计计算结果也进行分类汇总，见表3-23。

表3-19　内乡县各水环境功能区污染源产生量

项目	功能区	点源				非点源				合计
		工业	污水处理厂	规模养殖	小计	城镇生活	农村生活	农田径流	小计	
废水（万 t/a）	源头—小河	0	0	0	0	66.80	263.94	2.12	332.86	332.86
	小河—新桥	0	0	0	0	3	45.21	0.47	48.68	48.68
	新桥—前陆营	783.95	523.78	0	1 307.73	48.15	362.96	3.08	414.19	1 721.92
	源头—坝下	0	0	0	0	17.24	49	0.45	66.69	66.69
	坝下—吕营	58.51	0	45.62	104.13	84.85	490.62	5.24	580.71	684.84
	合计	842.46	523.78	45.62	1 411.86	220.04	1 211.73	11.36	1 443.13	2 854.99
COD（t/a）	源头—小河	0	0	0	0	281.51	1 082.74	1 218.10	2 582.35	2 582.35
	小河—新桥	0	0	0	0	12.63	171.68	272	456.31	456.31
	新桥—前陆营	1 135.06	235.70	0	1 370.76	202.94	1 443.21	1 767.35	3 413.50	4 784.26
	源头—坝下	0	0	0	0	72.65	210.27	260.55	543.47	543.47
	坝下—吕营	40.49	0	8 497.20	8 537.69	357.60	1 693.99	3 012.29	5 063.88	13 601.57
	合计	1 175.55	235.70	8 497.20	9 908.45	927.33	4 601.89	6 530.29	12 059.51	21 967.96
NH_3-N（t/a）	源头—小河	0	0	0	0	34.35	239.29	243.62	517.26	517.26
	小河—新桥	0	0	0	0	1.54	38.26	54.40	94.20	94.20
	新桥—前陆营	4.63	39.28	0	43.91	24.77	320	353.47	698.24	742.15
	源头—坝下	0	0	0	0	8.87	46.26	52.11	107.24	107.24
	坝下—吕营	6.86	0	846.80	853.66	43.64	381.66	602.46	1 027.76	1 881.42
	合计	11.49	39.28	846.80	897.57	113.17	1 025.47	1 306.06	2 444.70	3 342.27

由表3-20可以看出，2008年内乡县各水环境功能区废水入河总量为1 296.57万t，其中，点源1 256.17万t，非点源40.4万t；COD入河总量为8 372.82 t，其中，点源8 080.45 t，非点源292.37 t；NH_3-N入河总量为789.03 t，其中，点源736.22 t，非点源52.81 t。在“新桥—前陆营”水功能区段，点源污染源COD排放量占据了该段COD排放总量的93.74%，工业污染源COD排放量占据主导，而NH_3-N排放入河量污水处理厂较多，其次为农田径流污染排放。

因此，可以得出以下结论：在现状年，点源污染是内乡县主要的污染来源，要有效地控制污染物入河必须加强对点源污染的控制。湍河的“新桥—前陆营”和默河的“坝下—吕营”水环境功能区段承纳了整个内乡县的点源污染源，湍河上的COD压力主要来源于仙鹤纸业和污水处理厂污水，NH_3-N压力则主要是由污水处理厂和农田径流污染引起的。默河上的COD和NH_3-N超标则主要是由规模化养殖引起的，其次是由农田径流污染源直接入河引起的。

表 3-20　内乡县各水环境功能区污染源入河量

项目	功能区	点源				非点源				合计
		工业	污水处理厂	规模养殖	小计	城镇生活	农村生活	农田径流	小计	
废水（万 t/a）	源头—小河	0	0	0	0	6.68	3.96	0.04	10.68	10.68
	小河—新桥	0	0	0	0	0.30	0.68	0.01	0.99	0.99
	新桥—前陆营	638.25	523.78	0	1 162.03	4.82	5.44	0.06	10.32	1 172.35
	源头—坝下	0	0	0	0	1.72	0.73	0.01	2.46	2.46
	坝下—吕营	57.18	0	36.96	94.14	8.49	7.36	0.10	15.95	110.09
	合计	695.43	523.78	36.96	1 256.17	22.01	18.17	0.22	40.40	1 296.57
COD（t/a）	源头—小河	0	0	0	0	28.15	16.24	24.36	68.75	68.75
	小河—新桥	0	0	0	0	1.26	2.58	5.44	9.28	9.28
	新桥—前陆营	922.39	235.70	0	1 158.09	20.29	21.65	35.35	77.29	1 235.38
	源头—坝下	0	0	0	0	7.27	3.15	5.21	15.63	15.63
	坝下—吕营	39.63	0	6 882.73	6 922.36	35.76	25.41	60.25	121.42	7 043.78
	合计	962.02	235.70	6 882.73	8 080.45	92.73	69.03	130.61	292.37	8 372.82
NH_3-N（t/a）	源头—小河	0	0	0	0	3.44	3.59	4.87	11.90	11.90
	小河—新桥	0	0	0	0	0.15	0.57	1.09	1.81	1.81
	新桥—前陆营	4.17	39.28	0	43.45	2.48	4.80	7.07	14.35	57.80
	源头—坝下	0	0	0	0	0.89	0.69	1.04	2.62	2.62
	坝下—吕营	6.86	0	685.91	692.77	4.36	5.72	12.05	22.13	714.90
	合计	11.03	39.28	685.91	736.22	11.32	15.37	26.12	52.81	789.03

表 3-21　内乡县重要水环境功能区污染源入河量汇总

河流	功能区	污染类型	点源				非点源				合计
			工业	污水处理厂	规模养殖	小计	城镇生活	农村生活	农田径流	小计	
湍河与默河	所有功能区汇总	污水量（万 t/a）	695.43	523.78	36.96	1 256.17	22.01	18.17	0.22	40.40	1 296.57
		COD（t/a）	962.02	235.70	6 882.73	8 080.45	92.73	69.03	130.61	292.37	8 372.82
		NH_3-N（t/a）	11.03	39.28	685.91	736.22	11.32	15.37	26.12	52.81	789.03
湍河	新桥—前陆营	污水（万 t/a）	638.25	523.78	0	1 162.03	4.82	5.44	0.06	10.32	1 172.35
		COD（t/a）	922.39	235.70	0	1 158.09	20.29	21.65	35.35	77.29	1 235.38
		NH_3-N（t/a）	4.17	39.28	0	43.45	2.48	4.80	7.07	14.35	57.80
默河	坝下—吕营	污水（万 t/a）	57.18	0	36.96	94.14	8.49	7.36	0.10	15.95	110.09
		COD（t/a）	39.63	0	6 882.73	6 922.36	35.76	25.41	60.25	121.42	7 043.78
		NH_3-N（t/a）	6.86	0	685.91	692.77	4.36	5.72	12.05	22.13	714.90

表 3-22　内乡县各类污染源入河量占总入河量比例　（%）

河流	功能区	编号	①	②	③	④	⑤			⑥	（一）	（二）
		污染类型	工业	污水处理厂	规模养殖	城镇生活	农村生活			农田径流	点源	非点源
							生活	畜禽养殖	小计			
湍河与默河	所有功能区汇总	污水量	53.64	40.40	2.85	1.70	1.35	0.05	1.40	0.02	96.88	3.12
		COD	11.49	2.82	82.20	1.11	0.42	0.40	0.82	1.56	96.51	3.49
		NH_3-N	1.40	4.98	86.93	1.43	1.11	0.84	1.95	3.31	93.31	6.69
湍河	新桥—前陆营	污水量	54.44	44.68	0	0.41	0.44	0.02	0.46	0.01	99.12	0.88
		COD	74.66	19.08	0	1.64	0.87	0.88	1.75	2.86	93.74	6.26
		NH_3-N	7.21	67.97	0	4.28	4.52	3.78	8.30	12.23	75.18	24.82
默河	坝下—吕营	污水量	51.94	0	33.57	7.71	6.49	0.20	6.69	0.10	85.51	14.49
		COD	0.56	0	97.71	0.51	0.21	0.15	0.36	0.86	98.28	1.72
		NH_3-N	0.96	0	95.94	0.61	0.50	0.30	0.80	1.69	96.90	3.10

表 3-23　内乡县农村生活污染源入河量汇总

河流	功能区	污水(万 t/a)			COD(t/a)			NH_3-N(t/a)		
		农村生活	畜禽养殖	小计	农村生活	畜禽养殖	小计	农村生活	畜禽养殖	小计
湍河	源头—小河	3.79	0.17	3.96	7.77	8.47	16.24	1.90	1.69	3.59
	小河—新桥	0.66	0.02	0.68	1.34	1.24	2.58	0.32	0.25	0.57
	新桥—前陆营	5.22	0.22	5.44	10.71	10.94	21.65	2.61	2.19	4.80
默河	源头—坝下	0.70	0.03	0.73	1.43	1.72	3.15	0.35	0.34	0.69
	坝下—吕营	7.14	0.22	7.36	14.65	10.76	25.41	3.57	2.15	5.72
合计		17.51	0.66	18.17	35.90	33.13	69.03	8.75	6.62	15.37

3.2　主要河流水质现状评价

内乡县的主要河流为湍河及其支流默河，由内乡县水环境功能区划分结果不难看出，湍河新桥断面以上以及默河坝下断面以上基本上为水资源保护区，禁止排污，湍河和默河的中上游现状水质一般都能满足水环境功能区要求，水质相对较好。因此，此次河流水质评价仅对湍河及其支流默河的下游水质状况进行分析与评价。

3.2.1　资料来源

资料主要来源于内乡县环境监测站提供的2009年5月5～24日连续20 d的最新水质监测数据，水质主要监测项目为COD和NH_3-N；主要监测断面为杨寨断面（湍河与默河汇合后的出境水断面）、前陆营断面（湍河与默河汇合前的湍河断面）、吕营断面（湍河与默河汇合前的默河断面）。监测断面分布如图3-7所示，水质监测值见表3-24。

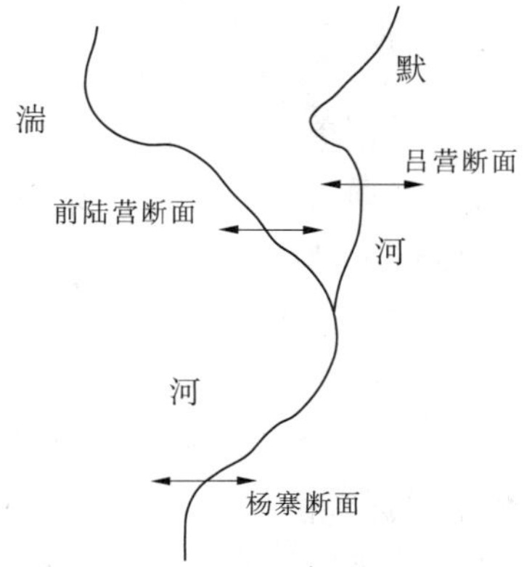

图3-7　内乡县主要河流监测断面示意图

表3-24　内乡县主要监测断面水质监测值(2009-05-05～24)　（单位:mg/L）

采样时间（年-月-日）	杨寨断面		前陆营断面		吕营断面	
	COD	NH_3-N	COD	NH_3-N	COD	NH_3-N
2009-05-05	30.6	10.2	23.3	2.33	80.5	13.9
2009-05-06	29.2	9.18	20.5	2.65	76.8	14
2009-05-07	29.8	8.16	16.7	2.95	66.9	14.2
2009-05-08	37.8	6.01	41.2	2.83	69.3	12.5
2009-05-09	52.7	5.47	31.3	4.81	60.1	11
2009-05-10	41.5	4.06	38.6	5.59	66.4	12.1
2009-05-11	32.6	3.38	20.9	4.97	73.1	21.3
2009-05-12	12.5	3.27	10.4	4.68	59.3	10.9
2009-05-13	20.5	3.07	16.4	4.43	34.8	8.4
2009-05-14	34.7	3.94	24.5	5.3	53.1	8.59
2009-05-15	30.5	4.12	26.4	5.15	42.7	7.62
2009-05-16	32.9	3.85	30.9	1.04	47.3	9.31
2009-05-17	24.7	1.72	16.5	0.723	32.1	2.24
2009-05-18	20.6	0.895	14.4	0.801	22.6	2.35
2009-05-19	28.2	0.944	18.3	0.726	38.6	2.5
2009-05-20	26.4	0.906	14.2	0.867	26.4	2.16
2009-05-21	25.5	0.718	22.3	0.784	22.3	2.32
2009-05-22	20.2	0.666	20.2	0.693	18.2	1.88
2009-05-23	30.2	0.812	24.1	1.22	24.1	1.85
2009-05-24	26.4	0.458	28.9	2.5	29.8	0.889
平均值	29.38	3.59	23.00	2.75	47.22	8.00

3.2.2 评价方法

水质评价采用单因子指数法，即将某种污染物实测浓度与该种污染物的评价标准进行比较以确定水质类别的方法。具体方法是：将每个水质监测参数与《地表水环境质量标准》（GB 3838—2002）进行比较，确定水质类别，最后选择其中最差级别作为该区域的水质状况类别。表达式为

$$P_i = C_{ij}/C_{si}$$

式中：P_i 为单因子指数；C_{ij}为水质指标 i 在监测断面 j 处的实测浓度，mg/L；C_{si}为水质指标 i 的地表水质目标限值，mg/L。

相关的评价指标还有超标倍数和超标率等，表达式分别为

$$K_i = \frac{C_{ij} - C_{si}}{C_{si}}$$

$$R = \frac{\text{超标数据个数}}{\text{总监测数据个数}} \times 100\%$$

式中：K_i 为水质指标 i 的超标倍数；R 为超标率。

水质评价标准采用《地表水环境质量标准》（GB 3838—2002），不同水质要求的 COD 和 NH_3-N 的目标限值见表 3-25，不同水域的分类评价标准，与水环境功能区划一致。

表 3-25 不同水质要求的 COD 和 NH_3-N 的目标限值 （单位：mg/L）

评价指标	水质类别				
	Ⅰ	Ⅱ	Ⅲ	Ⅳ	Ⅴ
COD	15	15	20	30	40
NH_3-N	0.2	0.5	1.0	1.5	2.0

3.2.3 评价结果

根据内乡县水环境功能区划分结果，杨寨断面、前陆营断面、吕营断面的划分功能水质要求分别为：Ⅲ类、Ⅳ类、Ⅳ类。各监测断面现状水质评价结果见表 3-26 。从表 3-26

表 3-26 内乡县主要监测断面水质评价

水质标准	杨寨断面		前陆营断面		吕营断面	
	COD	NH_3-N	COD	NH_3-N	COD	NH_3-N
水质类别	Ⅲ	Ⅲ	Ⅳ	Ⅳ	Ⅳ	Ⅳ
目标限值（mg/L）	30	1.5	30	1.5	30	1.5
测值范围（mg/L）	12.5～52.7	0.46～10.2	10.4～41.2	0.69～5.59	18.2～80.5	0.89～21.3
现状平均值（mg/L）	29.38	3.59	23.00	2.75	47.22	8.00
实际水质类别	Ⅳ	劣Ⅴ	Ⅳ	劣Ⅴ	劣Ⅴ	劣Ⅴ
均值标准指数	0.98	2.39	0.77	1.83	1.57	5.33
超标倍数	达标	1.39	达标	0.83	0.57	4.33
超标因子	COD、NH_3-N		NH_3-N		COD、NH_3-N	
超标率（%）	45	65	65	70	95	95

可以看出，湍河上的 COD 和 NH_3-N 平均值分别为 25 mg/L 和 3 mg/L 左右，对应的水质类别分别为Ⅳ类和劣Ⅴ类；默河上 COD 和 NH_3-N 平均值分别为 47 mg/L 和 8 mg/L 左右，均对应水质类别劣Ⅴ类。综合来看，湍河上的 COD 水质基本达标，NH_3-N 水质超标；默河上的 COD 和 NH_3-N 水质均严重超标。

3.2.4　历年水质监测数据分析

根据内乡县环境监测站提供的相关监测数据，计算了 2006 年、2008 年和 2009 年 3 个年份的主要监测断面水质监测平均值，结果见表 3-27。从表 3-27 中的数据可以看出，3 个重要监测断面（杨寨断面、前陆营断面、吕营断面）的 COD 和 NH_3-N 浓度基本上都在逐年增加，综合水质均有进一步恶化趋势。

表 3-27　内乡县近年主要监测断面水质监测平均值　（单位：mg/L）

年份	杨寨断面		前陆营断面		吕营断面	
	COD	NH_3-N	COD	NH_3-N	COD	NH_3-N
2006	24.7	1.06	18.4	1.43	26.0	0.96
2008	18.0	1.95	20.3	6.99	34.3	3.32
2009	29.4	3.6	23	2.75	47.2	8.0

3.3　水环境现状问题分析

“十五”以来，内乡县委县政府高度重视水环境保护，全民水环境保护意识普遍增强，水环境保护的措施力度和投入都在逐步增加，内乡县水环境状况在不断好转。但总体状况仍不容乐观，已经取得的一些水污染防治的成果还比较脆弱，水质达标情况不够稳定。重点行业还没有摆脱污染负荷重、排放强度大、治理水平低的状况，结构性污染问题仍然十分突出。水环境污染已由过去突出的以工业污染为主转变为工业污染、生活污染和农业污染并重，呈现出多元化和复杂化的特点。从总体上看，主要存在以下几个方面的问题。

（1）地表水体污染严重。最新水质监测数据显示，除自然保护区和水源地保护区基本达到地表水Ⅲ类以上标准外，默河中下游和湍河下游出境水质均超Ⅳ类标准，超标因子主要是 NH_3-N，其次为 COD。3 个重要监测断面（杨寨断面、前陆营断面、吕营断面）历史数据显示，默河中下游和湍河出境水质均有进一步恶化趋势。

（2）干部政绩考核体系存在弊端。目前，内乡县乡镇干部政绩考核体系以 GDP 为主要考核指标，没有将环境保护指标纳入考核体系。这种政绩考核体系上的弊端，必然造成一些乡镇“重项目、轻环保”，未真正将环境保护纳入经济、社会整体规划，环保责任意识和忧患意识淡薄，环境监管力度小，以牺牲环境和群众健康为代价，片面追求短期经济利益，地方政府没有尽到改善辖区环境质量的责任。

（3）产业结构不尽合理。目前，内乡县产业结构尚在调整之中，经济增长方式高消耗、强排放的特征还比较明显。从内乡县经济社会发展趋势来看，造纸、化工、规模化养殖等水环境保护重点行业将继续发展，这些企业如果不规范其排污，将对湍河和默河的水环境产生巨大压力。有必要调整产业结构和生产力布局，加速第三产业发展，积极发展高新技术产业，限制高消耗、高污染的工业发展。

(4)乡镇污水处理基础配套设施不足。内乡县城镇化和工业化的步伐较快，而其污水基础配套设施的建设未能跟上，特别是除县城外的其他乡镇排水管网和污水处理设施的建设严重滞后，目前各个乡镇基本上没有建立统一的排水管网和污水处理厂。

(5)散养畜禽养殖粪污排放缺乏集中管理。近年来，随着农业产业结构调整，内乡县畜禽养殖业发展迅速，除规模化养殖企业外，散养畜禽养殖量也在较快增长，其产污量不容忽视。但散养畜禽产生的粪污基本上处于自由排放状态，缺乏集中管理和处置，对水环境影响日益严重，有必要加强散养畜禽粪污集中资源化利用和无害化处理。

(6)乡镇垃圾收集处理设施不完善。目前，一些乡镇由于没有完善的垃圾收集处理设施和系统，农村地区的大量生活垃圾和部分工业垃圾无序地堆放在河边，甚至直接向河中倾倒。一到雨天，垃圾渗滤液或垃圾就直接进入了河道，这些垃圾对河道水体的污染非常严重。

(7)点源污染治理治标未治本。目前，内乡县解决水环境问题的主要方式是末端治理方式，这种仅着眼于控制排污口、使排放的污染物通过治理达标排放的方式，虽然对遏制环境污染的迅速扩展发挥了积极作用，但难以从根本上解决工业污染问题和资源消耗问题。有必要加快现有企业的技术改造，推广清洁生产工艺。

(8)水质监测体系不完善。目前，内乡县河流大部分水质监测主要根据企业自主进行，河流监测断面也主要是依托企业水环境评价的需要进行设置，监测时间的设定和监测站点的布设都不规范，功能区、市控断面、入河排污口、水源地等站点的监测频次严重不足，有必要加强市控断面、水源地、重要入河排污口等关键站点水质在线自动监测系统、应急监测设施设备的建设。

3.4　本章小结

本次污染源调查以2008年为基准年，将污染源分为点源和非点源，点源主要是重点工业、污水处理厂和规模化畜禽养殖等，非点源主要是城镇生活、农村生活(含散养畜禽养殖)、农田径流等，本次调查不考虑城镇径流和矿山径流污染源。其中，点源污染源采用直接调查的方法，非点源污染源则采用估算方法。

根据内乡县河流水系及污染源分布情况，确定了水环境功能区与陆上汇流区的对应情况(见表3-6)。根据内乡县实际，本次调查统计的重点水环境功能区段为湍河上的“新桥—前陆营”和默河上的“坝下—吕营”。

3.4.1　污染源产生量调查结果

重点工业污染源共调查了6家，工业企业的COD和NH_3-N排放总量分别为1 175.56 t和11.49 t，其中以仙鹤纸业的COD排放量占绝大部分。

2008年内乡县COD和NH_3-N的产生总量分别为26 456.99 t和4 252.56 t。COD

的产生量中，点源和非点源污染分别占37.45%和62.55%，点源污染主要是规模化养殖，其次为工业、污水处理厂；非点源污染主要是农田径流，其次为农村生活。NH_3-N的产生量中，点源和非点源污染分别占21.11%和78.89%，点源污染主要是规模化养殖，其次为污水处理厂、工业；非点源污染主要是农田径流，其次为农村生活。

在污染源乡镇分布上，COD和NH_3-N的产生都主要分布在马山口、王店、灌涨，与规模化养殖直接相关。工业企业NH_3-N排放并不多，COD产生则主要分布在湍东镇。

3.4.2　污染源入河量调查结果

2008年内乡县废水入河总量为1 296.57万t，其中，点源1 256.17万t，非点源40.4万t；COD入河总量为8 372.82 t，其中，点源8 080.45 t，非点源292.37 t；NH_3-N入河总量为789.03 t，其中，点源736.22 t，非点源52.81 t。

2008年湍河上的"新桥—前陆营"水功能区段COD入河总量为1 235.38 t，其中，点源1 158.09 t，非点源77.29 t，分别占COD入河总量的93.74%和6.26%；NH_3-N入河总量为57.80 t，其中，点源43.45 t，非点源14.35 t，分别占NH_3-N入河总量的75.18%和24.82%。COD和NH_3-N的点源污染主要是工业，其次是污水处理厂；非点源主要是农田径流，其次是农村生活。

2008年默河上的"坝下—吕营"水功能区段COD入河总量为7 043.78 t，其中，点源6 922.36 t，非点源121.42 t，分别占COD入河总量的98.28%和1.72%；NH_3-N入河总量为714.9 t，其中，点源692.77 t，非点源22.13 t，分别占NH_3-N入河总量的96.90%和3.10%。COD和NH_3-N的点源污染主要是规模养殖，其次是工业；非点源主要是农田径流，其次是农村生活。

在现状年，点源污染是内乡县主要的污染来源，要有效地控制污染源入河必须加强对点源污染的控制。湍河上的COD压力主要来源于仙鹤纸业和污水处理厂污水，湍河上NH_3-N超标则主要是由污水处理厂引起的。默河上的COD和NH_3-N超标则主要是由规模化养殖引起的，其次是由农田径流污染源直接入河引起的。

3.4.3　主要河流水质现状评价结果

通过对前陆营、杨寨、吕营断面的水质进行评价，结果表明：湍河上的COD水质基本达标，NH_3-N水质超标；默河上的COD和NH_3-N水质均严重超标。近几年的监测数据表明，3个重要监测断面的COD和NH_3-N浓度基本上都在逐年增加，综合水质均有进一步恶化的趋势。

第 4 章　规划水平年污染源预测

污染源预测就是对水环境综合整治规划水平年污染源作出具体的估计，如污水产生量和主要污染物产生量，从而为水环境保护的规划、管理与决策提供依据。

本次预测以 2008 年作为基准年，以 2015 年和 2020 年作为规划水平年，以基准年内乡县各乡镇或各水环境功能区污染源现状产生量及其入河量的调查分析结果为基础，根据人口增长和经济发展对污染源的影响，预测各规划水平年各水环境功能区废污水产生量和主要污染物产生量及其入河量。

4.1　污染源产生量预测

规划水平年规模化畜禽养殖均要求粪污资源合理化利用，采用生态养殖模式，不直接向河流排污，规模化养殖不再作为污染源。污染源产生量预测主要包括以下 5 项内容：①重点工业污染源；②内乡县污水处理厂；③城镇生活污染源（除去污水处理厂处理量）；④农村生活污染源；⑤散养畜禽养殖污染源；⑥农田径流污染源。其中，①②项为点源，③④⑤⑥项为非点源。根据各类污染源的具体特性，预测方法有所不同。

4.1.1　重点工业污染源预测

本次预测只对基准年的几个重点工业污染企业进行污染源排放量预测，根据资料收集情况，新增对“内乡县乌克生物化学有限公司”的排污预测，规划水平年可能新引进的污染企业本次预测不再考虑。

4.1.1.1　内乡仙鹤纸业有限公司

根据企业提出的发展规划，公司二期项目拟建设年产 10 万 t 漂白草浆生产线、12 万 t 特种用纸生产线，配套 300 t/d 草浆碱回收工程及 3 万 m^3/d 中段水生物处理工程及 5 万 m^3/d人工湿地废水深度处理工程，结合企业清洁生产工艺的实施以及末端废水深度处理，预计届时一、二期项目合计污染物 COD 排放量将小于现状年排放量，达到 924 t/a。考虑到仙鹤纸业在内乡县经济社会发展中的地位，并结合内乡县水环境容量资源的实际利用情况，建议仙鹤纸业的 COD 排放总量控制在 1 000 t/a 以内，做到“增产不增污”。

4.1.1.2　河南德润化工有限公司

根据企业的发展规划，公司计划利用五年时间，新增 ¢2800 造气炉 4 台、MH92 压缩机 2 台、¢1400 氨合成系统一套，对其他工艺实施配套优化技术改造，使公司合成氨生产规模达到 12 万 ~15 万 t/a。考虑到德润化工在内乡及其周边县市农业生产中的地位和作用，在对企业现有生产设备、生产工艺以及末端处理改造的前提下，预测按照 2015 年生产规模 12 万 t/a 计算，2020 年保持该生产规模。

对其他重点工业污染源的预测分为三大步：第一步，根据现有污染企业的中长期发展规划，确定其规划水平年的生产发展规模；第二步，根据基准年各污染企业的污染源排放量计算单位规模排放量；第三步，将前两步的计算结果相乘，即可计算出各污染企业规划水平年污染源排放量。此外，考虑到治污工艺的提高以及更严格的污染物排放标准，规划水平年污染源的排放量在规模扩大基础上再乘以一个折减系数，2015 年和 2020 年分别取 0.9 和 0.8。

经过预测，规划水平年 2015 年和 2020 年内乡县重点工业污染源废水排放量分别达到 1 449.54 万 t、1 475.78 万 t；COD 的排放量分别达到 1 007.56 t、1 026.13 t；NH_3-N 的排放量分别达到 13.88 t、16.46 t。规划水平年各重点工业污染企业详细预测情况详见表 4-1。

表 4-1　不同水平年重点工业污染源排放量预测

企业名称	2015 年				2020 年			
	规模（万 t）	废水（万 t）	COD（t）	NH_3-N（t）	规模（万 t）	废水（万 t）	COD（t）	NH_3-N（t）
仙鹤纸业	22	1 320	924	0	22	1 320	924	0
德润化工	12	40.80	20.40	6.12	12	40.80	20.40	6.12
紫微地毯	0.3	3.29	3.29	0	0.60	5.84	5.84	0
龙大牧原	100	57.94	40.50	7.72	150	77.25	54	10.29
华升纸业	5	7.88	7.10	0	5	7.01	6.31	0
中明兴星	5.2	8.20	5.25	0	8	11.21	7.18	0
乌克生化	11.6	11.43	7.02	0.04	15.60	13.67	8.40	0.05
合计	—	1 449.54	1 007.56	13.88	—	1 475.78	1 026.13	16.46

4.1.2　内乡县污水处理厂预测

根据内乡县污水处理厂提供的资料，其二期工程目前正在加紧建设当中，建成后将再增加日处理 1.5 万 t 污水的能力，总的处理能力将达到 3 万 t/d。根据《内乡县产业集聚区总体发展规划》，拟在湍东工业园区建设第二污水处理厂，预计 2015 年一期工程建成并投入使用，到 2020 年二期工程投入使用，使得内乡县污水处理厂总的日处理污水能力达到 6 万 t/d。

考虑到规划新建城市污水处理厂和湍东污水处理厂都应该采用先进可靠的工艺，排水水质达到一级 A 排放标准以及中水回用，可以预测出规划年污水处理厂污染源排放量，见表 4-2。

表 4-2　不同水平年内乡县污水处理厂污染源排放量预测

企业名称	2015 年				2020 年			
	规模（万 t）	废水（万 t）	COD（t）	NH_3-N（t）	规模（万 t）	废水（万 t）	COD（t）	NH_3-N（t）
污水处理厂	4.5	1 009.80	454.41	50.49	6	1 101.60	495.72	55.08

4.1.3　城镇生活污染源预测

城镇生活污染源预测同样采用排污系数法，其排污量主要取决于规划水平年全县非农业人口数量以及城镇生活污染源排污系数。

关于规划水平年的人口预测，采用了以下步骤和方法：第一步，根据近几年全县总人口，采用线性增长方式预测规划水平年总人口；第二步，根据基准年各乡镇人口同比例放大得到规划水平年各乡镇总人口；第三步，假定各乡镇在同一规划水平年有着同样的城镇化率，根据上一步计算出的规划水平年各乡镇总人口，然后给定规划水平年城镇化率，即可计算各乡镇农业与非农业人口。需要说明的是，基准年内乡县城镇化率为 28.6%，按每年增长一个百分点计算，预测 2015 年和 2020 年内乡县城镇化率分别为 35.6% 和 40.6%。由于城关镇基准年城镇化率已达 90%，所以预测 2015 年和 2020 年城关镇城镇化率分别为 90% 和 95%。规划水平年的各乡镇农业和非农业人口预测结果见表 4-3。

表 4-3　不同水平年内乡县人口预测　（单位：人）

乡镇名称	2015 年			2020 年		
	总人口	非农业	农业	总人口	非农业	农业
大桥	38 533	13 718	24 815	41 562	16 874	24 688
赵店	53 952	19 207	34 745	58 194	23 627	34 567
余关	43 978	15 656	28 322	47 434	19 258	28 176
乍曲	35 028	12 470	22 558	37 781	15 339	22 442
桃溪	30 234	10 763	19 471	32 611	13 240	19 371
板场	13 123	4 672	8 451	14 155	5 747	8 408
七里坪	18 598	6 621	11 977	20 060	8 144	11 916
城关	72 534	65 281	7 253	78 236	74 324	3 912
师岗	74 803	26 630	48 173	80 684	32 758	47 926
夏馆	27 985	9 963	18 022	30 185	12 255	17 930
马山口	67 407	23 997	43 410	72 706	29 519	43 187
湍东	67 332	23 970	43 362	72 625	29 486	43 139
赤眉	55 823	19 873	35 950	60 212	24 446	35 766
瓦亭	35 697	12 708	22 989	38 503	15 632	22 871
王店	58 811	20 937	37 874	63 434	25 754	37 680
灌涨	60 736	21 622	39 114	65 510	26 597	38 913
合计	754 574	308 088	446 486	813 892	373 000	440 892

关于规划水平年城镇生活污染源的排放系数，考虑到未来城镇居民生活水平的提高以及国家的相关排放标准，规划水平年的人均生活污水产生量仍为 140 L/d，COD 和

NH_3-N产生量有所增加,2015 年分别达到人均 60 g/d 和 7.2 g/d,2020 年分别达到人均 65 g/d 和 7.5 g/d。

据此,可预测出内乡县 2015 年和 2020 年城镇生活污水产生量分别达到 1 574.33 万 t、1 906.03 万 t;COD 的产生量分别达到 6 747.13 t、8 849.43 t;NH_3-N 的产生量分别达到 809.65 t、1 021.09 t,结果见表 4-4。与基准年相比较,排污量均有了较大幅度的增加,一方面主要是因为城镇化率有了较大的提高,从而导致非农业人口的数量增加;另一方面是因为主要污染因子 COD 和 NH_3-N 的人均排放系数增加所致。

表 4-4　不同水平年内乡县城镇生活污染源产生量预测

乡镇名称	2015 年			2020 年		
	废水(万 t)	COD(t)	NH_3-N(t)	废水(万 t)	COD(t)	NH_3-N(t)
大桥	70.10	300.42	36.05	86.23	400.33	46.20
赵店	98.15	420.64	50.48	120.73	560.54	64.68
余关	80	342.87	41.14	98.41	456.91	52.72
乍曲	63.72	273.10	32.77	78.38	363.93	41.99
桃溪	55	235.72	28.29	67.66	314.12	36.24
板场	23.87	102.31	12.28	29.37	136.34	15.73
七里坪	33.83	145	17.40	41.62	193.23	22.30
城关	333.59	1 429.66	171.56	379.80	1 763.35	203.46
师岗	136.08	583.20	69.98	167.39	777.17	89.67
夏馆	50.91	218.18	26.18	62.62	290.75	33.55
马山口	122.62	525.53	63.06	150.84	700.33	80.81
湍东	122.49	524.95	62.99	150.67	699.55	80.72
赤眉	101.55	435.22	52.23	124.92	579.98	66.92
瓦亭	64.94	278.30	33.40	79.88	370.87	42.79
王店	106.99	458.51	55.02	131.60	611.01	70.50
灌涨	110.49	473.52	56.82	135.91	631.02	72.81
合计	1 574.33	6 747.13	809.65	1 906.03	8 849.43	1 021.09

4.1.4　农村生活污染源产生量预测

同样地,农村生活污染源产生量也是根据规划水平年全县农业人口数量以及农村生活污染源排污系数进行预测。农业人口的预测结果见表 4-3,农村生活污染源排污系数规划水平年人均生活污水产生量取 80 L/d,2015 年 COD 和 NH_3-N 分别取 16.4 g/d 和 4 g/d,2020 年 COD 和 NH_3-N 分别取 18 g/d 和 4.5 g/d。

经预测,规划水平年2015年和2020年内乡县农村生活污水产生量分别为1 303.76万t、1 287.39万t;COD的产生量分别为2 672.67 t、2 896.66 t;NH_3-N的产生量分别为651.89 t、724.18 t,结果见表4-5。

表4-5 不同水平年内乡县农村生活污染源产生量预测

乡镇名称	2015年			2020年		
	废水(万t)	COD(t)	NH_3-N(t)	废水(万t)	COD(t)	NH_3-N(t)
大桥	72.46	148.54	36.23	72.09	162.20	40.55
赵店	101.46	207.99	50.73	100.94	227.11	56.78
余关	82.70	169.53	41.35	82.27	185.12	46.28
乍曲	65.87	135.03	32.94	65.53	147.45	36.86
桃溪	56.85	116.55	28.43	56.56	127.27	31.82
板场	24.68	50.59	12.34	24.55	55.24	13.81
七里坪	34.97	71.70	17.49	34.79	78.29	19.57
城关	21.18	43.42	10.59	11.42	25.70	6.43
师岗	140.67	288.37	70.33	139.94	314.87	78.72
夏馆	52.63	107.88	26.31	52.35	117.80	29.45
马山口	126.76	259.85	63.38	126.11	283.74	70.94
湍东	126.62	259.56	63.31	125.97	283.42	70.86
赤眉	104.98	215.20	52.49	104.44	234.98	58.75
瓦亭	67.13	137.61	33.56	66.78	150.26	37.56
王店	110.59	226.71	55.30	110.02	247.55	61.89
灌涨	114.21	234.14	57.11	113.63	255.66	63.91
合计	1 303.76	2 672.67	651.89	1 287.39	2 896.66	724.18

4.1.5 散养畜禽养殖污染源产生量预测

散养畜禽养殖污染源产生量预测同样采用排污系数法,其排污量主要取决于规划水平年全县散养畜禽养殖数量以及散养畜禽污染源排污系数。通过对内乡县近几年畜禽养殖数量变化趋势分析,结合内乡县养殖业发展规划,规划水平年散养畜禽数量(以折合猪头数为准)以每年增加2%的速率进行预测,规划水平年散养畜禽养殖的排污系数仍然维持基准年水平。

经预测,规划水平年2015年和2020年内乡县农村散养畜禽污水产生量分别达到69.10万t、76.29万t;COD的产生量分别达到3 455.44 t、3 815.08 t;NH_3-N的产生量分别达到691.09 t、743 t,详细结果见表4-6。

表4-6　不同水平年内乡县散养畜禽养殖污染源产生量预测

乡镇名称	2015年				2020年			
	折合猪（头）	废水（万t）	COD（t）	NH_3-N（t）	折合猪（头）	废水（万t）	COD（t）	NH_3-N（t）
大桥	15 918	5.81	290.50	58.10	17 575	6.41	320.74	64.15
赵店	15 557	5.68	283.92	56.78	17 176	6.27	313.47	62.69
余关	13 710	5.00	250.21	50.04	15 137	5.53	276.25	55.25
乍曲	12 294	4.49	224.37	44.87	13 574	4.95	247.72	49.54
桃溪	8 881	3.24	162.08	32.42	9 805	3.58	178.95	35.79
板场	5 468	2.00	99.80	19.96	6 038	2.20	110.18	2.04
七里坪	8 117	2.96	148.14	29.63	8 962	3.27	163.56	32.71
城关	1 599	0.58	29.18	5.84	1 765	0.64	32.21	6.44
师岗	19 325	7.05	352.68	70.54	21 336	7.79	389.39	77.88
夏馆	8 023	2.93	146.42	29.28	8 858	3.23	161.66	32.33
马山口	21 623	7.89	394.63	78.93	23 874	8.71	435.70	87.14
湍东	17 998	6.57	328.46	65.69	19 871	7.25	362.65	72.53
赤眉	13 941	5.09	254.43	50.89	15 393	5.62	280.91	56.18
瓦亭	9 840	3.59	179.57	35.91	10 864	3.97	198.26	39.65
王店	9 524	3.48	173.82	34.76	10 516	3.84	191.91	38.38
灌涨	7 520	2.74	137.23	27.45	8 302	3.03	151.52	30.30
合计	189 338	69.10	3 455.44	691.09	209 046	76.29	3 815.08	743

4.1.6　农田径流污染源产生量预测

农田径流污染源产生量预测包括耕地面积预测及修正后的农田径流排污系数的确定。其中，耕地面积的变化在预测中不予考虑，仍保持在现状年的水平。考虑到未来对农田及环境的保护，势必对农田的施肥量有所控制，因此有必要对农田径流排污系数做进一步修正。因此，在2015年和2020年，排污系数在基准年基础上分别减少10%和20%。

经预测，规划水平年2015年和2020年内乡县农田径流污水产生量分别为14.38万t、13.19万t；COD的产生量分别为8 267.03 t、7 578.11 t；NH_3-N的产生量分别为1 653.41 t、1 515.62 t，详细结果见表4-7。

表 4-7 不同水平年内乡县农田径流污染源产生量预测

乡镇名称	2015 年			2020 年		
	废水（万 t）	COD（t）	NH_3-N（t）	废水（万 t）	COD（t）	NH_3-N（t）
大桥	0.45	260.17	52.03	0.42	238.51	47.70
赵店	1.29	741.82	148.36	1.18	680	136
余关	1.17	670.91	134.18	1.07	615	123
乍曲	0.71	408	81.60	0.65	374	74.80
桃溪	0.54	312	62.40	0.50	286	57.20
板场	0.21	119.13	23.83	0.19	109.20	21.84
七里坪	0.40	232.24	46.45	0.37	212.88	42.58
城关	0.02	11.96	2.39	0.02	10.96	2.19
师岗	1.90	1 094.40	218.88	1.75	1 003.20	200.64
夏馆	0.39	221.45	44.29	0.35	203	40.60
马山口	1.24	710.58	142.12	1.13	651.36	130.27
湍东	1.46	840	168	1.34	770	154
赤眉	0.93	534.55	106.91	0.85	490	98
瓦亭	0.90	516	103.20	0.82	473	94.60
王店	1.35	775.64	155.13	1.24	711	142.20
灌涨	1.42	818.18	163.64	1.31	750	150
合计	14.38	8 267.03	1 653.41	13.19	7 578.11	1 515.62

4.1.7 污染源产生量预测汇总

根据以上分类预测结果，以乡镇为基本单元对各污染源污水产生量、COD 产生量和 NH_3-N 产生量分别进行汇总，并按照污染源类型（点源和非点源）进行分类统计，汇总结果见表 4-8，各类污染源占总产生量的比例见表 4-9，各乡镇的详细产生量结果见表 4-10 ~ 表 4-15。

由表 4-8 可以看出，规划水平年 2015 年和 2020 年内乡县废水产生量分别达到 5 087.31 万 t、5 480.50 万 t；COD 的产生量分别达到 21 174.59 t、22 897.78 t；NH_3-N 的

产生量分别达到 3 698.84 t、3 891.97 t。从表 4-9 可以看出，虽然规划水平年污水、COD 和 NH_3-N 的点源产生量要小于非点源产生量，但是综合考虑内乡县水环境容量资源、重点规划工业项目的发展以及各类污染源排放控制的特点，在规划水平年污染源的排放以及治理重点仍以点源排放为主。

与基准年相比，规划水平年 2015 年和 2020 年全县污水产生量分别增加了 1 738.62 万 t 和 2 131.80 万 t，这主要是由于工业规模的扩大以及污水处理能力的加大。而 COD 和 NH_3-N 产生量则分别减少 5 282.41 t、3 559.21 t 和 553.73 t、360.59 t，这主要是由于规模化畜禽养殖实现了污染源零排放，且工业、污水处理厂和城镇生活污染源产生增加量之和小于现状年规模化畜禽养殖排放量。

表 4-8　不同水平年内乡县各类污染源产生量预测汇总

水平年	项目	点源			非点源				合计
		工业	污水处理厂	小计	城镇生活	农村生活	农田径流	小计	
2015 年	污水（万 t）	1 449.54	1 009.80	2 459.34	1 240.74	1 372.85	14.38	2 627.97	5 087.31
	COD（t）	1 007.56	454.41	1 461.97	5 317.47	6 128.12	8 267.03	19 712.62	21 174.59
	NH_3-N（t）	13.88	50.49	64.37	638.09	1 342.97	1 653.41	3 634.47	3 698.84
2020 年	污水（万 t）	1 475.78	1 101.60	2 577.38	1 526.23	1 363.70	13.19	2 903.12	5 480.50
	COD（t）	1 026.13	495.72	1 521.85	7 086.08	6 711.74	7 578.11	21 375.93	22 897.78
	NH_3-N（t）	16.46	55.08	71.54	817.63	1 487.18	1 515.62	3 820.43	3 891.97

表 4-9　不同水平年内乡县各类污染源产生量预测比例　（%）

水平年	项目	工业	污水处理厂	城镇生活	农村生活	农田径流	点源	非点源	合计
2015 年	污水	28.49	19.85	24.39	26.99	0.28	48.34	51.66	100
	COD	4.75	2.15	25.12	28.94	39.04	6.90	93.10	100
	NH_3-N	0.37	1.37	17.25	36.31	44.70	1.74	98.26	100
2020 年	污水	26.93	20.10	27.85	24.88	0.24	47.03	52.97	100
	COD	4.48	2.17	30.95	29.30	33.10	6.65	93.35	100
	NH_3-N	0.42	1.42	21.01	38.21	38.94	1.84	98.16	100

表 4-10 2015 年内乡县各污染源废水产生量预测汇总 （单位:万 t）

乡镇名称	点源			非点源				合计
	工业	污水处理厂	小计	城镇生活	农村生活	农田径流	小计	
大桥	0	1 009.80	1 009.80	70.10	78.27	0.45	148.82	1 158.62
赵店	0	0	0	98.15	107.14	1.29	206.58	206.58
余关	0	0	0	80	87.70	1.17	168.87	168.87
乍曲	0	0	0	63.72	70.36	0.71	134.79	134.79
桃溪	0	0	0	55	60.10	0.54	115.64	115.64
板场	0	0	0	23.87	26.67	0.21	50.75	50.75
七里坪	0	0	0	33.83	37.94	0.40	72.17	72.17
城关	7.88	0	7.88	0	21.76	0.02	21.78	29.66
师岗	0	0	0	136.08	147.72	1.90	285.70	285.70
夏馆	0	0	0	50.91	55.55	0.39	106.85	106.85
马山口	8.20	0	8.20	122.62	134.65	1.24	258.51	266.71
湍东	1 364.09	0	1 364.09	122.49	133.19	1.46	257.14	1 621.23
赤眉	0	0	0	101.55	110.06	0.93	212.54	212.54
瓦亭	0	0	0	64.94	70.72	0.90	136.56	136.56
王店	0	0	0	106.99	114.06	1.35	222.40	222.40
灌涨	69.37	0	69.37	110.49	116.96	1.42	228.87	298.24
合计	1 449.54	1 009.80	2 459.34	1 240.74	1 372.85	14.38	2 627.97	5 087.31

表 4-11 2015 年内乡县各污染源 COD 产生量预测汇总 （单位: t）

乡镇名称	点源			非点源				合计
	工业	污水处理厂	小计	城镇生活	农村生活	农田径流	小计	
大桥	0	454.41	454.41	300.42	439.04	260.17	999.63	1 454.04
赵店	0	0	0	420.64	491.90	741.82	1 654.36	1 654.36
余关	0	0	0	342.87	419.74	670.91	1 433.52	1 433.52
乍曲	0	0	0	273.10	359.40	408	1 040.50	1 040.50
桃溪	0	0	0	235.72	278.63	312	826.35	826.35
板场	0	0	0	102.31	150.39	119.13	371.83	371.83
七里坪	0	0	0	145	219.83	232.24	597.07	597.07
城关	7.10	0	7.10	0	72.60	11.96	84.56	91.66
师岗	0	0	0	583.20	641.04	1 094.40	2 318.64	2 318.64
夏馆	0	0	0	218.18	254.31	221.45	693.94	693.94
马山口	5.25	0	5.25	525.53	654.48	710.58	1 890.59	1 895.84
湍东	947.69	0	947.69	524.95	588.03	840	1 952.98	2 900.67
赤眉	0	0	0	435.22	469.63	534.55	1 439.40	1 439.40
瓦亭	0	0	0	278.30	317.18	516	1 111.48	1 111.48
王店	0	0	0	458.51	400.54	775.64	1 634.69	1 634.69
灌涨	47.52	0	47.52	473.52	371.38	818.18	1 663.08	1 710.60
合计	1 007.56	454.41	1 461.97	5 317.47	6 128.12	8 267.03	19 712.62	21 174.59

表 4-12　2015 年内乡县各污染源 NH_3 – N 产生量预测汇总　（单位：t）

乡镇名称	点源			非点源				合计
	工业	污水处理厂	小计	城镇生活	农村生活	农田径流	小计	
大桥	0	50.49	50.49	36.05	94.34	52.03	182.42	232.91
赵店	0	0	0	50.48	107.51	148.36	306.35	306.35
余关	0	0	0	41.14	91.39	134.18	266.71	266.71
乍曲	0	0	0	32.77	77.81	81.60	192.18	192.18
桃溪	0	0	0	28.29	60.84	62.40	151.53	151.53
板场	0	0	0	12.28	32.30	23.83	68.41	68.41
七里坪	0	0	0	17.40	47.11	46.45	110.96	110.96
城关	0	0	0	0	16.43	2.39	18.82	18.82
师岗	0	0	0	69.98	140.87	218.88	429.73	429.73
夏馆	0	0	0	26.18	55.60	44.29	126.07	126.07
马山口	0	0	0	63.06	142.30	142.12	347.48	347.48
湍东	6.12	0	6.12	62.99	129.00	168.00	359.99	366.11
赤眉	0	0	0	52.23	103.37	106.91	262.51	262.51
瓦亭	0	0	0	33.40	69.48	103.20	206.08	206.08
王店	0	0	0	55.02	90.06	155.13	300.21	300.21
灌涨	7.76	0	7.76	56.82	84.56	163.64	305.02	312.78
合计	13.88	50.49	64.37	638.09	1 342.97	1 653.41	3 634.47	3 698.84

表 4-13　2020 年内乡县各污染源废水产生量预测汇总　（单位：万 t）

乡镇名称	点源			非点源				合计
	工业	污水处理厂	小计	城镇生活	农村生活	农田径流	小计	
大桥	0	1 101.60	1 101.60	86.23	78.49	0.42	165.14	1 266.74
赵店	0	0	0	120.73	107.21	1.18	229.12	229.12
余关	0	0	0	98.41	87.80	1.07	187.28	187.28
乍曲	0	0	0	78.38	70.49	0.65	149.52	149.52
桃溪	0	0	0	67.66	60.14	0.50	128.30	128.30
板场	0	0	0	29.37	26.75	0.19	56.31	56.31
七里坪	0	0	0	41.62	38.07	0.37	80.06	80.06
城关	7.01	0	7.01	0	12.07	0.02	12.09	19.10
师岗	0	0	0	167.39	147.73	1.75	316.87	316.87
夏馆	0	0	0	62.62	55.59	0.35	118.56	118.56
马山口	11.21	0	11.21	150.84	134.82	1.13	286.79	298.00
湍东	1 366.64	0	1 366.64	150.67	133.22	1.34	285.23	1 651.87
赤眉	0	0	0	124.92	110.05	0.85	235.82	235.82
瓦亭	0	0	0	79.88	70.75	0.82	151.45	151.45
王店	0	0	0	131.60	113.86	1.24	246.70	246.70
灌涨	90.92	0	90.92	135.91	116.66	1.31	253.88	344.80
合计	1 475.78	1 101.60	2 577.38	1 526.23	1 363.70	13.19	2 903.12	5 480.50

表4-14　2020年内乡县各污染源COD产生量预测汇总　（单位:t）

乡镇名称	点源			非点源				合计
	工业	污水处理厂	小计	城镇生活	农村生活	农田径流	小计	
大桥	0	495.72	495.72	400.33	482.93	238.51	1 121.77	1 617.49
赵店	0	0	0	560.54	540.58	680	1 781.12	1 781.12
余关	0	0	0	456.91	461.37	615	1 533.28	1 533.28
乍曲	0	0	0	363.93	395.17	374	1 133.10	1 133.10
桃溪	0	0	0	314.12	306.21	286	906.33	906.33
板场	0	0	0	136.34	165.42	109.20	410.96	410.96
七里坪	0	0	0	193.23	241.84	212.88	647.95	647.95
城关	6.31	0	6.31	0	57.92	10.96	68.88	75.19
师岗	0	0	0	777.17	704.26	1 003.2	2 484.63	2 484.63
夏馆	0	0	0	290.75	279.46	203	773.21	773.21
马山口	7.18	0	7.18	700.33	719.44	651.36	2 071.13	2 078.31
湍东	950.24	0	950.24	699.55	646.07	770	2 115.62	3 065.86
赤眉	0	0	0	579.98	515.90	490	1 585.88	1 585.88
瓦亭	0	0	0	370.87	348.52	473	1 192.39	1 192.39
王店	0	0	0	611.01	439.47	711	1 761.48	1 761.48
灌涨	62.40	0	62.40	631.02	407.18	750	1 788.20	1 850.60
合计	1 026.13	495.72	1 521.85	7 086.08	6 711.74	7 578.11	21 375.93	22 897.78

表4-15　2020年内乡县各污染源NH_3-N产生量预测汇总　（单位:t）

乡镇名称	点源			非点源				合计
	工业	污水处理厂	小计	城镇生活	农村生活	农田径流	小计	
大桥	0	55.08	55.08	46.20	104.69	47.70	198.59	253.67
赵店	0	0	0	64.68	119.47	136	320.15	320.15
余关	0	0	0	52.72	101.53	123	277.25	277.25
乍曲	0	0	0	41.99	86.41	74.80	203.20	203.20
桃溪	0	0	0	36.24	67.61	57.20	161.05	161.05
板场	0	0	0	15.73	35.85	21.84	73.42	73.42
七里坪	0	0	0	22.30	52.27	42.58	117.15	117.15
城关	0	0	0	0	12.87	2.19	15.06	15.06
师岗	0	0	0	89.67	156.60	200.64	446.91	446.91
夏馆	0	0	0	33.55	61.78	40.60	135.93	135.93
马山口	0	0	0	80.81	158.08	130.27	369.16	369.16
湍东	6.12	0	6.12	80.72	143.38	154	378.10	384.22
赤眉	0	0	0	66.92	114.93	98	279.85	279.85
瓦亭	0	0	0	42.79	77.22	94.60	214.61	214.61
王店	0	0	0	70.50	100.27	142.20	312.97	312.97
灌涨	10.34	0	10.34	72.81	94.22	150	317.03	327.37
合计	16.46	55.08	71.54	817.63	1 487.18	1 515.62	3 820.43	3 891.97

4.2　污染源入河量预测

同样地，各主要污染源的产生量需对应到具体的水环境功能区，水陆对应关系详见第 3.1.2 部分。根据各水环境功能区段的控制排污城镇，重新汇总计算各水环境功能区段不同规划水平年的污染源产生量，见表 4-16 和表 4-17。由于在规划水平年内乡仙鹤纸业有限公司废水经人工湿地处理后直接排入湍河，因此入河系数为 1。假定其他污染源入河系数保持不变，即维持基准年水平，进一步计算得出各水环境功能区在规划水平年污染源实际入河量，见表 4-18 和表 4-19。

表 4-16　2015 年内乡县各水环境功能区污染源产生量预测汇总

项目	功能区	点源			非点源				合计
		工业	污水处理厂	小计	城镇生活	农村生活	农田径流	小计	
废水（万 t）	源头—小河	0	0	0	210.16	230.23	1.93	442.32	442.32
	小河—新桥	0	0	0	32.72	35.71	0.43	68.86	68.86
	新桥—前陆营	1 371.97	1 009.80	2 381.77	258.02	304.64	2.80	565.46	2 947.23
	源头—坝下	0	0	0	40.87	44.88	0.41	86.16	86.16
	坝下—吕营	77.57	0	77.57	379.23	408.50	4.76	792.49	870.06
	合计	1 449.54	1 009.80	2 459.34	921	1 023.96	10.33	1 955.29	4 414.63
COD（t）	源头—小河	0	0	0	900.72	1 094.16	1 107.36	3 102.24	3 102.24
	小河—新桥	0	0	0	140.21	163.97	247.27	551.45	551.45
	新桥—前陆营	954.78	454.41	1 409.19	1 105.79	1 427.60	1 606.68	4 140.07	5 549.26
	源头—坝下	0	0	0	175.18	218.16	236.86	630.20	630.20
	坝下—吕营	52.78	0	52.78	1 625.26	1 627.97	2 738.45	5 991.68	6 044.46
	合计	1 007.56	454.41	1 461.97	3 947.16	4 531.86	5 936.62	14 415.64	15 877.61
NH_3-N（t）	源头—小河	0	0	0	108.09	238.38	221.47	567.94	567.94
	小河—新桥	0	0	0	16.83	35.84	49.45	102.12	102.12
	新桥—前陆营	6.12	50.49	56.61	132.69	311.43	321.34	765.46	822.07
	源头—坝下	0	0	0	21.02	47.43	47.36	115.81	115.81
	坝下—吕营	7.76	0	7.76	195.03	360.87	547.69	1 103.59	1 111.35
	合计	13.88	50.49	64.37	473.66	993.95	1 187.31	2 654.92	2 719.29

表 4-17　2020 年内乡县各水环境功能区污染源产生量预测汇总

项目	功能区	点源			非点源				合计
		工业	污水处理厂	小计	城镇生活	农村生活	农田径流	小计	
废水（万 t）	源头—小河	0	0	0	258.53	230.46	1.77	490.76	490.76
	小河—新桥	0	0	0	40.24	35.74	0.39	76.37	76.37
	新桥—前陆营	1 373.65	1 101.60	2 475.25	317.39	295.26	2.56	615.21	3 090.46
	源头—坝下	0	0	0	50.28	44.94	0.38	95.60	95.60
	坝下—吕营	102.13	0	102.13	466.49	408.20	4.37	879.06	981.19
	合计	1 475.78	1 101.60	2 577.38	1 132.93	1 014.60	9.47	2 157	4 734.38
COD（t）	源头—小河	0	0	0	1 200.30	1 202.63	1 015.08	3 418.01	3 418.01
	小河—新桥	0	0	0	186.85	180.19	226.67	593.71	593.71
	新桥—前陆营	956.55	495.72	1 452.27	1 473.58	1 547.31	1 472.79	4 493.68	5 945.95
	源头—坝下	0	0	0	233.44	239.81	217.13	690.38	690.38
	坝下—吕营	69.58	0	69.58	2 165.83	1 787.64	2 510.24	6 463.71	6 533.29
	合计	1 026.13	495.72	1 521.85	5 260	4 957.58	5 441.91	15 659.49	17 181.34
NH_3-N（t）	源头—小河	0	0	0	138.49	264.84	203.02	606.35	606.35
	小河—新桥	0	0	0	21.56	39.83	45.33	106.72	106.72
	新桥—前陆营	6.12	55.08	61.20	170.03	340.60	294.56	805.19	866.39
	源头—坝下	0	0	0	26.94	52.69	43.42	123.05	123.05
	坝下—吕营	10.34	0	10.34	249.90	401.40	502.05	1 153.35	1 163.69
	合计	16.46	55.08	71.54	606.92	1 099.36	1 088.38	2 794.66	2 866.20

表 4-18　2015 年内乡县各水环境功能区污染源入河量预测汇总

项目	功能区	点源			非点源				合计
		工业	污水处理厂	小计	城镇生活	农村生活	农田径流	小计	
废水（万 t）	源头—小河	0	0	0	21.02	3.45	0.04	24.51	24.51
	小河—新桥	0	0	0	3.27	0.54	0.01	3.82	3.82
	新桥—前陆营	1 366.48	1 009.80	2 376.28	25.80	4.57	0.05	30.42	2 406.70
	源头—坝下	0	0	0	4.09	0.67	0.01	4.77	4.77
	坝下—吕营	74.86	0	74.86	37.92	6.13	0.10	44.15	119.01
	合计	1 441.34	1 009.80	2 451.14	92.10	15.36	0.21	107.67	2 558.81
COD（t）	源头—小河	0	0	0	90.07	16.41	22.15	128.63	128.63
	小河—新桥	0	0	0	14.02	2.46	4.95	21.43	21.43
	新桥—前陆营	951.41	454.41	1 405.82	110.58	21.41	32.13	164.12	1 569.94
	源头—坝下	0	0	0	17.52	3.27	4.74	25.53	25.53
	坝下—吕营	51.08	0	51.08	162.53	24.42	54.77	241.72	292.80
	合计	1 002.49	454.41	1 456.90	394.72	67.97	118.74	581.43	2 038.33

续表 4-18

项目	功能区	点源			非点源				合计
		工业	污水处理厂	小计	城镇生活	农村生活	农田径流	小计	
NH_3-N（t）	源头—小河	0	0	0	10.81	3.58	4.43	18.82	18.82
	小河—新桥	0	0	0	1.68	0.54	0.99	3.21	3.21
	新桥—前陆营	5.51	50.49	56	13.27	4.67	6.43	24.37	80.37
	源头—坝下	0	0	0	2.10	0.71	0.95	3.76	3.76
	坝下—吕营	7.76	0	7.76	19.50	5.41	10.95	35.86	43.62
	合计	13.27	50.49	63.76	47.36	14.91	23.75	86.02	149.78

表 4-19　2020 年内乡县各水环境功能区污染源入河量预测汇总

项目	功能区	点源			非点源				合计
		工业	污水处理厂	小计	城镇生活	农村生活	农田径流	小计	
废水（万 t）	源头—小河	0	0	0	25.85	3.46	0.03	29.34	29.34
	小河—新桥	0	0	0	4.02	0.54	0.01	4.57	4.57
	新桥—前陆营	1 367.76	1 101.60	2 469.36	31.74	4.43	0.05	36.22	2 505.58
	源头—坝下	0	0	0	5.03	0.67	0.01	5.71	5.71
	坝下—吕营	98.63	0	98.63	46.65	6.12	0.09	52.86	151.49
	合计	1 466.39	1 101.60	2 567.99	113.29	15.22	0.19	128.70	2 696.69
COD（t）	源头—小河	0	0	0	120.03	18.04	20.30	158.37	158.37
	小河—新桥	0	0	0	18.68	2.70	4.53	25.91	25.91
	新桥—前陆营	952.77	495.72	1 448.49	147.36	23.21	29.46	200.03	1 648.52
	源头—坝下	0	0	0	23.34	3.60	4.34	31.28	31.28
	坝下—吕营	67.38	0	67.38	216.59	26.81	50.20	293.60	360.98
	合计	1 020.15	495.72	1 515.87	526	74.36	108.83	709.19	2 225.06
NH_3-N（t）	源头—小河	0	0	0	13.85	3.97	4.06	21.88	21.88
	小河—新桥	0	0	0	2.16	0.60	0.91	3.67	3.67
	新桥—前陆营	5.51	55.08	60.59	17.00	5.11	5.89	28	88.59
	源头—坝下	0	0	0	2.69	0.79	0.87	4.35	4.35
	坝下—吕营	10.34	0	10.34	24.99	6.02	10.04	41.05	51.39
	合计	15.85	55.08	70.93	60.69	16.49	21.77	98.95	169.88

4.2.1 总入河量分析

由表 4-18 可以看出,2015 年,内乡县废水入河总量为 2 558.81 万 t,其中点源入河量占到了总入河量的 95.79%,且以工业废水入河量居多,达到了总入河量的 56.33%。在非点源入河量中,主要集中在城镇生活污水方面,占到了非点源入河量的 85.54%。2015 年,内乡县 COD 入河总量为 2 038.33 t,点源和非点源入河量分别占总入河量的 71.48% 和 28.52%。点源入河量中,工业和污水处理厂分别占 68.81% 和 31.19%;非点源中,城镇生活、农村生活和农田径流分别占 67.89%、11.69%、20.42%。2015 年,内乡县 NH_3-N 入河总量为 149.78 t,点源和非点源入河量分别占总入河量的 42.57% 和 57.43%。在点源入河量中,主要集中在污水处理厂,占到了 79.19%,非点源中,城镇生活、农村生活和农田径流分别占 55.06%、17.33%、27.61%。

由表 4-19 可以看出,2020 年,内乡县废水入河总量为 2 696.69 万 t,其中点源入河量占到了总入河量的 95.23%,工业及污水处理厂废水入河量分别达到了 57.10% 和 42.90%。在非点源入河量中,主要集中在城镇生活污水方面,占到了非点源入河量的 88.03%。2020 年,内乡县 COD 入河总量为 2 225.06 t,点源和非点源入河量分别占总入河量的 68.13% 和 31.87%。点源入河量中,工业和污水处理厂分别占到 67.30% 和 32.70%;非点源中,城镇生活、农村生活和农田径流分别占 74.17%、10.49%、15.34%。2020 年,内乡县 NH_3-N 入河总量为 169.88 t,点源和非点源入河量分别占总入河量的 41.75% 和 58.25%。在点源入河量中,污水处理厂占到了 77.66%;非点源中,城镇生活、农村生活和农田径流分别占 61.34%、16.67%、21.99%。

4.2.2 重点水功能区段入河量分析

特别地,对整个内乡县以及 2 个重点水环境功能区段污染物入河量作进一步分类汇总,见表 4-20。

4.2.2.1 湍河上新桥—前陆营水功能区段

由表 4-20 可以看出,2015 年,COD 入河总量为 1 569.94 t,其中点源占 89.55%。在点源入河量中,工业和污水处理厂分别占 67.68%、32.32%。非点源入河量中,城镇生活、农村生活和农田径流分别占 67.37%、13.05%、19.58%。另外,NH_3-N 入河总量为 80.37 t,点源入河量占 69.68%;在非点源入河量中,城镇生活、农村生活和农田径流分别占 54.46%、19.17%、26.37%。

2020 年,COD 入河总量为 1 648.52 t。点源入河量比例高达 87.87%,其中,工业和污水处理厂所占比例分别为 65.78%、34.22%。非点源入河量中,城镇生活、农村生活和农田径流分别占 73.67%、11.60%、14.73%。另外,NH_3-N 入河总量为 88.59 t,点源入河量占据了 68.39%。在非点源入河量中,城镇生活、农村生活和农田径流分别占 60.72%、18.24%、21.04%。

4.2.2.2 默河上坝下—吕营水功能区段

由表 4-20 可以看出,2015 年,COD 入河总量为 292.80 t,非点源入河量占到了总量的 82.55%。在非点源入河量中,城镇生活、农村生活和农田径流分别占 67.24%、10.10%、

22.66%。另外,NH_3-N 入河总量为 43.62 t,非点源入河量占到了总量的 82.22%,其中,城镇生活、农村生活和农田径流分别占非点源入河量的 54.37%、15.09%、30.54%。

表 4-20　不同水平年内乡县重要水环境功能区污染源入河量汇总

水平年	功能区	项目	点源			非点源				合计
			工业	污水处理厂	小计	城镇生活	农村生活	农田径流	小计	
2015 年	所有功能区汇总	污水量(万 t)	1 441.34	1 009.80	2 451.14	92.10	15.36	0.21	107.67	2 558.81
		COD(t)	1 002.49	454.41	1 456.90	394.72	67.97	118.74	581.43	2 038.33
		NH_3-N(t)	13.27	50.49	63.76	47.36	14.91	23.75	86.02	149.78
	新桥—前陆营	污水量(万 t)	1 366.48	1 009.80	2 376.28	25.80	4.57	0.05	30.42	2 406.70
		COD(t)	951.41	454.41	1 405.82	110.58	21.41	32.13	164.12	1 569.94
		NH_3-N(t)	5.51	50.49	56	13.27	4.67	6.43	24.37	80.37
	坝下—吕营	污水量(万 t)	74.86	0	74.86	37.92	6.13	0.10	44.15	119.01
		COD(t)	51.08	0	51.08	162.53	24.42	54.77	241.72	292.80
		NH_3-N(t)	7.76	0	7.76	19.50	5.41	10.95	35.86	43.62
2020 年	所有功能区汇总	污水量(万 t)	1 466.39	1 101.60	2 567.99	113.29	15.22	0.19	128.70	2 696.69
		COD(t)	1 020.15	495.72	1 515.87	526	74.36	108.83	709.19	2 225.06
		NH_3-N(t)	15.85	55.08	70.93	60.69	16.49	21.77	98.95	169.88
	新桥—前陆营	污水量(万 t)	1 367.76	1 101.60	2 469.36	31.74	4.43	0.05	36.22	2 505.58
		COD(t)	952.77	495.72	1 448.49	147.36	23.21	29.46	200.03	1 648.52
		NH_3-N(t)	5.51	55.08	60.59	17.00	5.11	5.89	28	88.59
	坝下—吕营	污水量(万 t)	98.63	0	98.63	46.65	6.12	0.09	52.86	151.49
		COD(t)	67.38	0	67.38	216.59	26.81	50.20	293.60	360.98
		NH_3-N(t)	10.34	0	10.34	24.99	6.02	10.04	41.05	51.39

2020 年,COD 入河总量为 360.98 t,非点源入河量占到了总量的 81.33%,其中,城镇生活、农村生活和农田径流分别占非点源入河量的 73.77%、9.13%、17.10%。另外,NH_3-N 入河总量为 51.39 t,非点源入河量占到了总量的 79.89%,其中,城镇生活、农村生活和农田径流分别占非点源入河量的 60.87%、14.67%、24.46%。

4.2.3 不同水平年污染物入河量对比分析

为了更加清晰直观地了解污染物入河量在不同水平年间的变化情况,特别地,将不同水平年整个内乡县、湍河上新桥—前陆营、默河上坝下—吕营污染物入河量预测结果分别进行了对比,见表 4-21 ~ 表 4-23。

表 4-21 不同水平年整个内乡县污染物入河量预测对比 (单位:t)

污染物	水平年	工业	污水处理厂	规模养殖	小计	城镇生活	农村生活	农田径流	小计	合计
COD	2008 年	962.02	235.70	6 882.73	8 080.45	92.73	69.03	130.61	292.37	8 372.82
	2015 年	1 002.49	454.41	0	1 456.90	394.72	67.97	118.74	581.43	2 038.33
	2020 年	1 020.15	495.72	0	1 515.87	526	74.36	108.83	709.19	2 225.06
NH_3-N	2008 年	11.03	39.28	685.91	736.22	11.32	15.37	26.12	52.81	789.03
	2015 年	13.27	50.49	0	63.76	47.36	14.91	23.75	86.02	149.78
	2020 年	15.85	55.08	0	70.93	60.69	16.49	21.77	98.95	169.88

表 4-22 不同水平年湍河上新桥—前陆营水功能区段污染物入河量预测对比 (单位:t)

污染物	水平年	工业	污水处理厂	规模养殖	小计	城镇生活	农村生活	农田径流	小计	合计
COD	2008 年	922.39	235.70	0	1 158.09	20.29	21.65	35.35	77.29	1 235.38
	2015 年	951.41	454.41	0	1 405.82	110.58	21.41	32.13	164.12	1 569.94
	2020 年	952.77	495.72	0	1 448.49	147.36	23.21	29.46	200.03	1 648.52
NH_3-N	2008 年	4.17	39.28	0	43.45	2.48	4.80	7.07	14.35	57.80
	2015 年	5.51	50.49	0	56	13.27	4.67	6.43	24.37	80.37
	2020 年	5.51	55.08	0	60.59	17	5.11	5.89	28	88.59

表 4-23 不同水平年默河上坝下—吕营水功能区段污染物入河量预测对比 (单位:t)

污染物	水平年	工业	污水处理厂	规模养殖	小计	城镇生活	农村生活	农田径流	小计	合计
COD	2008 年	39.63	0	6 882.73	6 922.36	35.76	25.41	60.25	121.42	7 043.78
	2015 年	51.08	0	0	51.08	162.53	24.42	54.77	241.72	292.80
	2020 年	67.38	0	0	67.38	216.59	26.81	50.20	293.60	360.98
NH_3-N	2008 年	6.86	0	685.91	692.77	4.36	5.72	12.05	22.13	714.90
	2015 年	7.76	0	0	7.76	19.50	5.41	10.95	35.86	43.62
	2020 年	10.34	0	0	10.34	24.99	6.02	10.04	41.05	51.39

由表 4-21 可以看出，若能实现规模化养殖的污染物河流零排放，内乡县 2015 年和 2020 年的污染物入河总量将大规模减少，但随着工业和污水处理厂生产处理规模的扩大，2020 年较 2015 年的 COD 入河总量将有一定的增加，而且点源污染占比重逐年加大。在总量组成中，农田径流污染物入河量表现出逐年减少的趋势，这主要与农田化肥施用量的控制有关。

在 COD 入河总量中，以点源污染占据较大比重，在规划水平年 2015 年和 2020 年点源污染中以工业排放为主，主要是由仙鹤纸业生产规模的扩大以及污水处理厂处理规模的扩大所导致；在 NH_3-N 入河总量中，在规划水平年非点源污染占据较大比重，且有逐年增加的趋势，非点源污染中又以城镇生活占主导地位。

4.2.3.1　湍河上新桥—前陆营水功能区段

由表 4-22 可以看出，该功能区段 COD 入河总量中，主要是点源污染占据较大比重，在总量各组成部分中，农田径流污染物入河量表现出逐年减少的趋势。在非点源污染组成中，主要是城镇生活排放，且比重有逐年增加的趋势。

在 NH_3-N 入河总量中，也主要集中在点源污染中的污水处理厂排放，但随着污水处理厂处理规模的扩大以及实现中水回用，其排放量增加的趋势将减缓，到 2020 年入河量达到 55.08 t，仍然是主要排放单位。非点源污染组成中，主要是城镇生活，且其排放量有逐年增加的趋势。

4.2.3.2　默河上坝下—吕营水功能区段

由表 4-23 可以看出，该功能区段在控制规模化养殖污染物排放后，COD 入河总量中，以非点源污染占主导，但比重有减少的趋势。总量组成中，农田径流污染物入河量表现出逐年减少的趋势。在点源污染物组成中，未来年全部表现为工业污染排放；非点源污染物组成中，主要是城镇生活污染物排放，且比重有逐年增加的趋势。

在 NH_3-N 入河总量中，也以非点源污染为主，但比重有降低趋势。在总量组成中，农田径流污染物入河量表现出逐年减少的趋势。在点源污染组成中，未来年全部表现为工业污染排放；非点源污染组成中，主要是城镇生活，且比重有逐年增加的趋势。

4.3　本章小结

本次预测以 2008 年作为基准年，以 2015 年和 2020 年作为规划水平年。预测时，仙鹤纸业、德润化工考虑企业清洁生产工艺和末端处理来确定污染物排放量，污水处理厂考虑污水处理规模和中水回用来确定污染物排放量，其他工业点源污染物排放与其发展规模成正比，规模化养殖企业的污水都自行消化，城镇和农村生活污染物产生量只考虑人口增长和排污系数的变化，散养畜禽养殖污染物产生量变化只考虑畜禽养殖数量的增长，农田径流污染物产生量变化只考虑农田径流排污系数变化，而规划水平年入河系数保持不变。

4.3.1　污染物入河量预测结果

污染物总入河量预测结果表明，规划水平年 2015 年和 2020 年内乡县废水入河量分别达到 2 558.81 万 t、2 696.69 万 t,点源废水入河量占废水总入河量的绝大部分;COD 入河量分别达到 2 038.33 t、2 225.06 t,也主要为点源排放,其中又以工业排放为主,其次为污水处理厂排放;NH_3-N 入河量分别达到 149.78 t、169.88 t,且主要为非点源排放,在非点源排放中又主要集中在城镇生活排放。

湍河上新桥—前陆营水功能区段污染物入河量预测结果表明:规划水平年 2015 年和 2020 年 COD 入河量分别达到 1 569.94 t、1 648.52 t,主要为点源排放;NH_3-N 入河量分别达到 80.37 t、88.59 t,也是主要为点源排放,且以污水处理厂为主。

默河上坝下—吕营水功能区段污染物入河量预测结果表明:规划水平年 2015 年和 2020 年 COD 入河量分别达到 292.80 t、360.98 t,主要集中在非点源排放,以城镇生活和农田径流占主导;NH_3-N 入河量分别达到 43.62 t、51.39 t,也主要为非点源排放。

4.3.2　不同水平年污染物入河量对比分析结果

若能实现未来年规模化养殖的污染物河流零排放,内乡县 2015 年和 2020 年的污染物入河总量将大规模减少,随着工业和污水处理厂生产规模的扩大,COD 的入河量总体上将保持增加的趋势,但随着未来年实现中水回用,其增加的趋势将逐渐变缓。在 NH_3-N 的总量组成中,农田径流污染物入河量表现出逐年减少的趋势,这主要是与农田化肥施用量的控制有关。

对于重要水功能区段的不同污染物所占比重,湍河上新桥—前陆营水功能区段 COD 和 NH_3-N 入河总量中,主要为点源污染物的排放。NH_3-N 的非点源排放入河总量中以城镇生活为主,且其比重有逐年增大的趋势,这主要是由于城镇化水平提高所导致。默河上坝下—吕营水功能区段 COD 和 NH_3-N 入河总量中,都主要为非点源排放。非点源污染物入河量中也主要为城镇生活排放,且其比重有逐年增大的趋势。

第 5 章　水环境容量测算

水环境容量是在对流域水文特征、排污方式、污染物迁移转化规律进行充分科学研究的基础上,结合环境管理需求确定的管理控制目标。水环境容量既反映流域的自然属性(水文特性),又反映人类对环境的需求(水质目标),它将随着水资源情况的不断变化和人们对环境需求的不断提高而不断发生变化。

水环境容量的确定是对水污染物实施总量控制的依据,也是水环境管理的基础。污染物的排入应该与功能区水环境容量相适应,如果超出环境容量就必须采取措施,如降低排放浓度、削减排放量、增加污水处理设施,或者通过改善布局合理地利用水环境容量,否则水体功能就会被破坏。也就是说,必须对进入水功能区的污染源入河量和陆域污染源排放进行控制与削减。

根据内乡县主要河段水质现状分析结果,湍河和默河中下游水体污染比较严重,已不能完全满足经济社会发展对水体功能的要求。为了实现水资源可持续开发利用,必须对内乡县地表水资源进行有效保护,进行水环境容量测算与污染物总量控制。本次水环境容量测算,是指在给定水质目标和现有参数下内乡县主要河流河段的水环境容量。

5.1　基本概念

5.1.1　定义

所谓水环境容量,指在给定水域范围和水文条件,规定排污方式和水质目标的前提下,依据水体稀释和污染物自净规律,利用水质模型计算确定的单位时间内该水域最大允许纳污量。

按照污染物降解机理,水环境容量可以划分为稀释容量和自净容量两部分。稀释容量是指在给定水域的来水污染物浓度低于出水水质目标时,依靠稀释作用达到水质目标所能承纳的污染物量。自净容量是指由于沉降、生化、吸附等物理、化学和生物作用,给定水域达到水质目标所能自净的污染物量。

5.1.2　基本特征

水环境容量具有以下 3 个基本特征。

(1)资源性。水环境容量是一种自然资源,其价值体现在对排入污染物的缓冲作用,既能容纳一定量的污染物也能满足人类生产、生活和生态系统的需要;但水域的环境容量是有限的可再生自然资源,一旦污染负荷超过水环境容量,其恢复将十分缓慢与艰难。

(2)区域性。由于受到各类区域的水文、地理、气象条件等因素的影响,不同水域对污染物的物理、化学和生物净化能力存在明显的差异,从而导致水环境容量具有明显的地域性特征。

(3)系统性。河流、湖泊等水域一般处在大的流域系统中，水域与陆域、上游与下游、左岸与右岸构成不同尺度的空间生态系统。因此，在确定局部水域水环境容量时，必须从流域的角度出发，合理协调流域内各水域的水环境容量。

5.1.3 影响要素

影响水域水环境容量的要素有很多，概括起来主要有以下 4 个方面。

(1)水域特性。水域特性是确定水环境容量的基础，主要包括：几何特征（岸边形状、水底地形、水深或体积），水文特征（流量、流速、降雨、径流等），化学性质（pH 值，硬度等），物理自净能力（挥发、扩散、稀释、沉降、吸附），化学自净能力（氧化、水解等），生物降解（光合作用、呼吸作用）。

(2)环境功能要求。不同的水环境功能区有不同的水质功能要求。不同的功能区划，对水环境容量的影响很大：水质要求高的水域，水环境容量小；水质要求低的水域，水环境容量大。例如对于 COD 环境容量，要求达Ⅲ类水域的环境容量仅为要求达Ⅴ类水域环境容量的 1/2。

(3)污染物质。不同污染物本身具有不同的物理化学特性和生物反应规律，不同类型的污染物对水生生物和人体健康的影响程度不同。因此，不同的污染物具有不同的环境容量，但具有一定的相互联系和影响，提高某种污染物的环境容量可能会降低另一种污染物的环境容量。

(4)排污方式。水域的环境容量与污染物的排放位置与排放方式有关。一般来说，在其他条件相同的情况下，集中排放的环境容量比分散排放的环境容量小，瞬时排放的环境容量比连续排放的环境容量小，岸边排放的环境容量比河心排放的环境容量小。因此，限定的排污方式是确定环境容量的一个重要确定因素。

5.1.4 确定原则

水环境容量的确定，要遵循以下 2 条基本原则。

(1)保持环境资源的可持续利用。首先要在科学论证的基础上，确定合理的环境资源利用率；其次在保持水体有不断的自我更新与水质修复能力的基础上，尽量利用水域环境容量，以降低污水治理成本。

(2)维持流域各段水域环境容量的相对平衡。影响水环境容量确定的因素很多，筑坝、引水，新建排污口、取水口等都可能改变整个流域内水环境容量分布。因此，水环境容量的确定应充分考虑当地的客观条件，并分析局部水环境容量的主要影响因素，以利于从流域的角度，合理调配环境容量。

5.1.5 实际应用

水环境容量的实际应用很多，概括起来主要有以下 4 个方面。

(1)在区域水环境总体规划中，水环境容量是制定各阶段水环境目标的依据，同时，作为一个具体的边界条件，会对人口、社会经济的发展产生重大影响，它们既依赖于水环境容量这一资源，同时又受它的约束。

（2）以国家规定的水质标准作为水质目标，根据当地的自然地理条件、水体稀释自净能力和污染物迁移转化规律反推出水环境容量，再结合当地在经济和技术上的具体条件确定各种水污染物的允许排放量，以此制定地方水污染物排放标准。

（3）按照水环境容量的计算结果，优化分配污染物负荷总量和应削减量到各污染源，由此确定污染源治理最优方案。

（4）根据水环境容量的分布确定排污口的设置，并以此为依据实现工业的合理布局。

5.2　计算方法与步骤

5.2.1　计算方法

由于不同水功能区对水质的要求不同，功能区的水质现状和功能区水质保护的要求不相同，功能区水环境容量确定的方法也不同。本次水环境容量核定，以水环境功能区为基本单元，以水环境功能区上、下界面作为节点，按照一个水环境功能区逐一进行计算。

5.2.1.1　保护区水环境容量

内乡县地表水功能区中湍河源头至新桥断面之间，以及默河源头至坝下断面之间均为源头水保护区，现状水质良好，且禁止排污。根据《水域纳污能力计算规程》（SL 348—2006）规定，保护区和保留区水域纳污能力主要采用污染负荷计算法。因此，内乡县湍河源头至新桥断面之间，以及默河源头至坝下断面之间水质目标是维持现状水质，其水环境容量采用其现状污染源入河量，不需要提出污染源入河量和污染源排放量的削减量要求，即可以不进行水环境容量的计算。

5.2.1.2　开发利用区水环境容量

根据《水域纳污能力计算规程》（SL 348—2006）规定，开发利用区和缓冲区水域纳污能力主要采用数学模型计算法。内乡县地表水功能区中主要是湍河新桥断面至前陆营断面，以及默河坝下断面至吕营断面两个开发利用区，其水环境容量根据各自水环境功能区的设计条件和水质目标，选择适当的水量水质模型进行计算。

5.2.2　计算步骤

通常情况下，水域的环境容量计算可以按照以下 6 个步骤进行。

（1）水域概化。将天然水域（河流、湖泊水库）概化成计算水域，例如天然河道可概化成顺直河道，复杂的河道地形可进行简化处理，非稳态水流可简化为稳态水流等。水域概化的目的，就是能够利用简单的数学模型来描述水质变化规律。同时，支流、排污口、取水口等影响水环境的因素也要进行相应概化。若排污口距离较近，可把多个排污口简化成集中的排污口。

（2）基础资料调查与评价。包括调查与评价水域水文资料（流速、流量、水位、体积等）和水域水质资料（多项污染因子的浓度值），同时收集水域内的排污口资料（废水排放量与污染物浓度）、支流资料（支流水量与污染物浓度）、取水口资料（取水量、取水方式）、污染源资料等（排污量、排污去向与排放方式），并进行数据一致性分析，形成数据库。

（3）选择控制点（或边界）。根据水环境功能区划和水域内的水质敏感点位置分析，确定水质控制断面的位置和浓度控制标准。对于包含污染混合区的环境问题，则需根据环境管理的要求确定污染混合区的控制边界。

（4）建立水质模型。根据实际情况选择建立零维、一维或二维水质模型，在进行各类数据资料的一致性分析的基础上，确定模型所需的各项参数。

（5）容量计算分析。应用设计水文条件和上下游水质限制条件进行水质模型计算，从而确定水域的理想水环境容量。

（6）环境容量确定。在上述容量计算分析的基础上，扣除非点源污染影响部分，得出实际环境管理可利用的水环境容量。

5.3　计算模型的选取

所谓一维水体是指河流宽度与深度都不大的水体，该模型视污染物在河流各断面的宽度与深度方向分布均匀，即认为污染物在 y 与 z 方向的浓度梯度为零，仅考虑纵向方向（x 方向）的浓度变化。

由于内乡县境内各河流均属于宽深比不大的中小河流，污染物质在较短的河段内基本能在断面内均匀混合，断面污染物浓度横向和垂向变化不大，因此采用一维稳态水质模型，仅考虑降解、平流项。

5.3.1　水质计算模型

污染物进入河流后，在一定范围内经过平流输移、纵向离散和横向混合后达到充分混合，或者根据水质管理的精度要求允许不考虑混合过程而假定在排污口断面瞬时完成均匀混合，可按一维问题概化计算条件，建立水质模型。

对于一般条件下的河流，推流形成的污染物迁移作用要比弥散作用大得多，在稳态条件下，弥散作用可以忽略，河流污染物一维稳态混合衰减的微分方程为

$$\frac{U\mathrm{d}C}{\mathrm{d}x} = -KC$$

积分解得

$$C(x) = C'\exp\left(\frac{-Kx}{86.4U}\right) \tag{5-1}$$

式中：U 为河流断面平均流速，m/s；x 为沿程距离，km；K 为污染物综合衰减系数，1/d；$C(x)$ 为污染物沿程浓度，mg/L；C' 为河段上断面的污染物浓度，mg/L；86.4 为单位换算系数。

若前一节点处无污染源或污染源流量可忽略不计，C' 取河流中污染物的本底浓度，即上游来水设计水质；若前一节点处存在污染源且流量不可忽略，则 C' 可按式（5-2）计算

$$C' = \frac{Q_0 C_0 + q_w C_1}{Q_0 + q_w} \tag{5-2}$$

式中：Q_0 为上游来水设计水量，m^3/s；q_w 为污水设计排放流量，m^3/s；C_0 为河流中污染物的本底浓度，mg/L；C_1 为污水中污染物浓度，mg/L。

5.3.2　水环境容量计算模型

河流一维水质模型由河段和节点两部分组成。节点指河流上排污口、取水口、干支流汇合口等造成河道流量发生突变的点，水量与污染物浓度在节点前后满足物质平衡规律（忽略混合过程中物质变化的化学和生物影响）。河段指河流被节点分成的若干段，每个河段内污染物的自净规律符合一阶反应规律。

此次水环境容量的测算采用功能区首段面排污，按末段面达标考核，稀释容量与自净容量求和的方法进行计算。图 5-1 概化地给出了段末达标控制的水质沿程变化过程，图中，字母 P 及其斜向箭头表示排入河段的污染物和排污口虚设位置，水平箭头指向表示河流方向，C' 为混合后段首污染物浓度，ΔC 表示可利用浓度差，C_s 为控制断面标准。

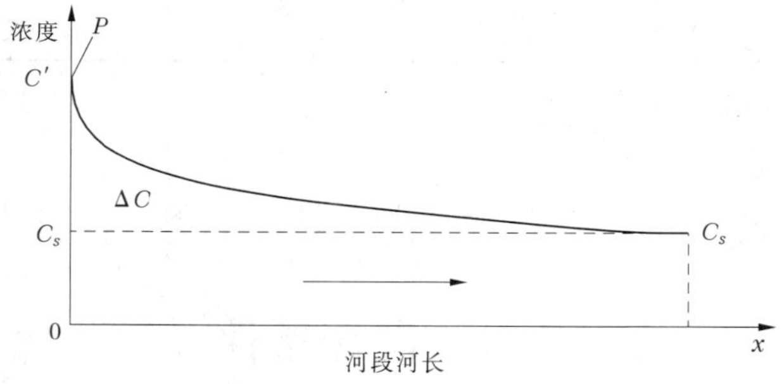

图 5-1　段末达标控制的水质沿程变化概化图

5.3.2.1　河段稀释容量

河段稀释容量可按式(5-3)计算

$$W_{稀释} = 31.536[C_s(Q_0 + q_w) - Q_0 C_0] \tag{5-3}$$

式中：$W_{稀释}$ 为河流稀释容量，t/a；Q_0 为上游来水设计水量，m^3/s；q_w 为污水设计排放流量，m^3/s；C_s 为控制断面水质标准，mg/L；C_0 为河流中污染物的本底浓度，mg/L。

5.3.2.2　河段自净容量

对于可降解的有机污染物质（如 COD、NH_3-N），其降解速率符合一级反应动力学规律，其自净容量可按式(5-4)计算

$$W_{自净} = 31.536[C_s \cdot \exp(\frac{Kx}{86.4U}) - C_s] \cdot (Q_0 + q_w) \tag{5-4}$$

式中：$W_{自净}$ 为河流自净容量，g/s；其余符号含义同上。

5.3.2.3　河段理想水环境容量

当同时考虑稀释作用与自净作用时，排污口与控制断面之间水域的理想水环境容量按式(5-5)计算

$$W = W_{稀释} + W_{自净} = 31.536\left[C_s \cdot \exp\left(\frac{Kx}{86.4U}\right) \cdot (Q_0 + q_w) - Q_0 \cdot C_0\right] \quad (5\text{-}5)$$

式中：W 为排污口与控制断面之间水域理想水环境容量，t/a；Q_0 为上游来水设计水量，m^3/s；q_w 为污水设计排放流量，m^3/s；C_s 为控制断面水质标准，mg/L；C_0 为河流中污染物的本底浓度，mg/L；U 为河流断面平均流速，m/s；x 为排污口与控制断面间距离，km；K 为污染物综合衰减系数，1/d（注：1 g/s = 0.086 4 t/d = 31.536 t/a）。

5.3.2.4　功能区理想水环境容量

如图 5-2 所示，假定功能区内有 i 个节点，则将河流分成 $i+1$ 个河段。在节点处，利用节点均匀混合模型进行节点前后的物质守恒分析，确定节点后的河段流量和污染物浓度。节点后的河段以节点平衡后的流量和污染物浓度为初始条件，计算该河段的理想水环境容量。进一步地，按照一维降解规律计算到下一个节点前的污染物浓度，为下一河段水环境容量的计算提供初始条件。所有河段的水环境容量之和即为整个功能区的理想水环境容量。

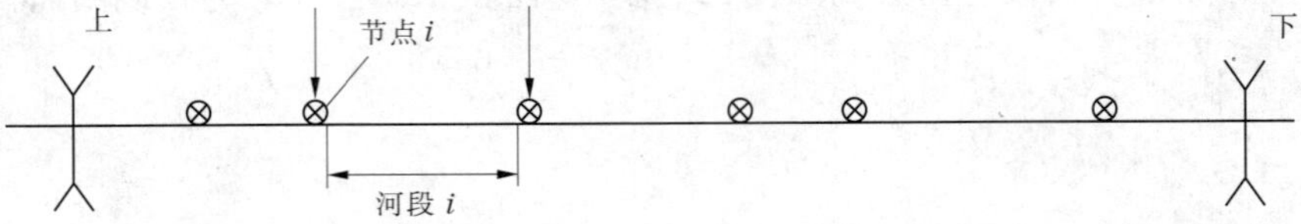

图 5-2　河流一维模型概化示意图

5.4　设计条件

5.4.1　河流及排污口概化

天然水环境容量只与地表水体的水文条件和水质保护目标要求有关，与排放口布局无关，是反映一个地区、一个流域水环境容量资源多寡及其分布特征的关键指标。然而，一个地区可利用的环境容量是与污染源及排放口布局密切相关的。尽管某些地区的天然水环境容量可能很丰富，但由于属于特殊控制区的水体较多或经济布局、排放口布局不合理，实际水环境容量不一定大。

根据内乡县实际，本次水环境容量主要考虑湍河新桥断面以下，以及默河坝下断面以下至杨寨断面水域。将两条河流均概化为顺直河道，河道上几个距离较近的排污口概化为一个排污口，如内乡县紫微地毯有限公司、内乡县华升纸业有限公司、内乡仙鹤纸业有限公司、河南德润化工有限公司入湍河的排污口虽然分布左右岸，但距离较近，概化为一个排污口——牡珠河口。为方便计算，将概化后的排污口作为河流节点，所有节点在河段的具体位置见图 5-3，计算用河段编号及其具体情况汇总见表 5-1。

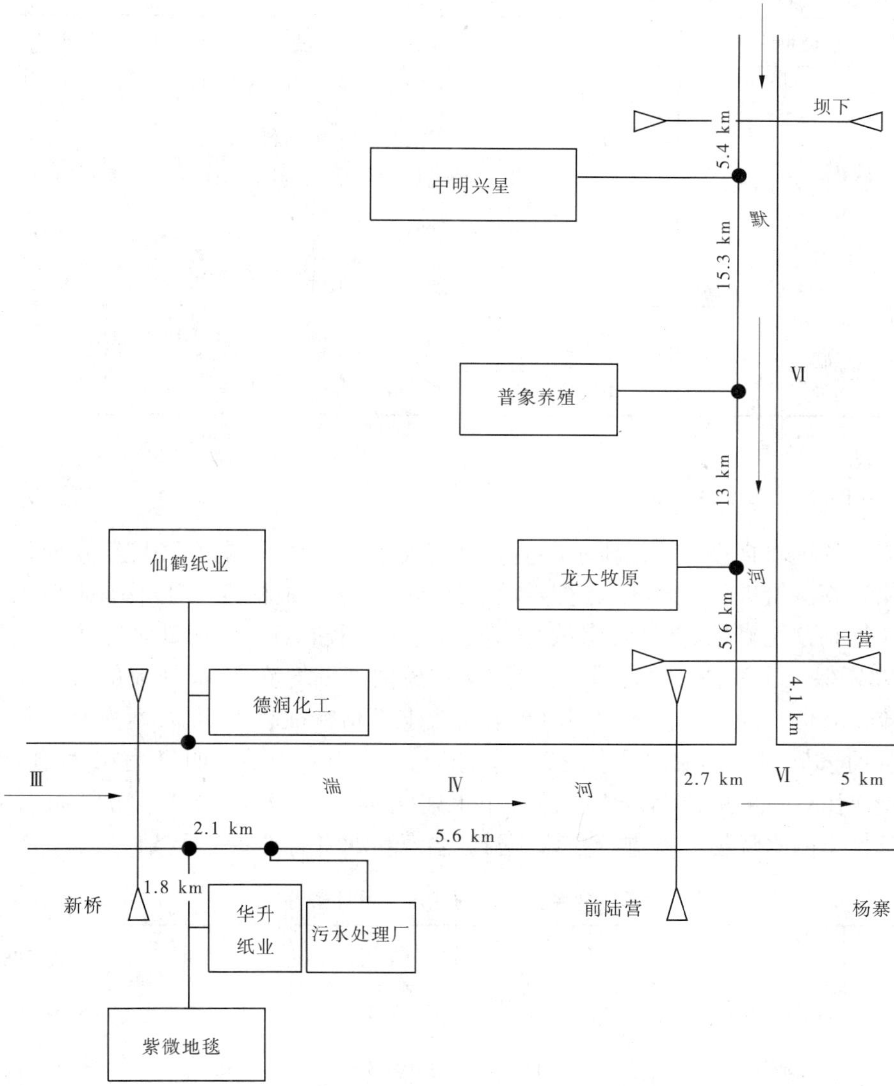

图 5-3　内乡县主要河段及其排污口概化图

表 5-1　河流概化情况

所属河流	水环境功能区	河段编号	河段起止		长度(km)
湍河	新桥—前陆营	1	新桥	牡珠河口	1.8
		2	牡珠河口	污水处理厂	2.1
		3	污水处理厂	前陆营	5.6

续表 5-1

所属河流	水环境功能区	河段编号	河段起止		长度(km)
默河	坝下—吕营	4	坝下	中明兴星	5.4
		5	中明兴星	普象养殖	15.3
		6	普象养殖	龙大牧原	13
		7	龙大牧原	吕营	5.6
		8	吕营	湍河默河交叉口	4.1
湍河	前陆营—杨寨	9	前陆营	湍河默河交叉口	2.7
		10	湍河默河交叉口	杨寨	5

5.4.2 设计流量与设计流速

设计流量的选取直接影响河段水环境容量的大小,因此河流的水环境容量应该按多大的设计保证率流量进行计算才合适,要考虑到河流的实际最枯流量,以保证此时的水环境质量能够达到预定目标。根据《水域纳污能力计算规程》(SL 348—2006),河流设计流量可采用90%保证率最枯月平均流量或近10年最枯月平均流量,而河流的设计流速为对应设计流量条件下的流速。考虑到内乡县河流丰平枯特征较为明显,本次测算的水文设计条件选用90%保证率最枯月平均流量。同时,分别对年内枯水期(1月、2月、11月和12月)、平水期(3月、4月、5月和10月)和丰水期(6月、7月、8月和9月)的多年平均流量和流速条件下的水环境容量进行核算,据此,湍河和默河的水文设计条件见表5-2。

表 5-2 内乡县主要河流水文设计条件

水体	项目	90%保证率	枯水期	平水期	丰水期
湍河	流量(m^3/s)	0.96	2.17	4.82	23.91
	流速(m/s)	0.18	0.40	0.43	0.71
默河	流量(m^3/s)	0.384	0.93	1.89	8.75
	流速(m/s)	0.20	0.33	0.36	0.62

5.4.3 本底浓度(C_0)和水质目标(C_s)

水环境容量的计算需要事先确定水功能区上下断面污染物浓度,即功能区本底浓度值 C_0 与水质目标值 C_s。对于水质良好而无需改善水质的功能区,采用"零污染"的概念。所谓"零污染"就是利用河流水体的净化能力,使水功能区之间的污染不传递,即某一个水功能区接纳废污水后再进入下一个水功能区时,其水质应恢复到未接纳污染物前的水平。

依据河流污染控制的"零污染"原理和"上游污染不影响下游"的水环境资源分配理

论，即某一个河段接纳废污水后在进入下一个河段时，其水质应恢复到该河段的功能区水质要求，不得影响下一个河段的水质。各功能区计算单元上断面本底浓度（C_0）均采用上一个单元功能区的水质目标，控制断面水质（C_s）原则上采用该单元所处的功能区水质目标。

根据以上原则，结合《南阳市地面水环境功能区划分报告》中规定的内乡境内河流的水质目标，以及本次规划确定的水质目标（见表5-3），对照《地表水环境质量标准》（GB 3838—2002）不同类别水质COD和NH_3-N浓度限值（见表5-4），最终确定内乡境内主要控制水功能区段的本底浓度值（C_0）和水质目标值（C_s），见表5-5。

表5-3　内乡县各水环境功能区水质目标

水体名称	水域范围	水质现状		水质目标	
		COD	NH_3-N	COD	NH_3-N
湍河	源头—万沟	Ⅰ		Ⅰ	Ⅰ
	万沟—小河	Ⅱ		Ⅱ	Ⅱ
	小河—新桥	Ⅲ		Ⅲ	Ⅲ
	新桥—前陆营	Ⅳ	劣Ⅴ	Ⅳ	Ⅳ
	前陆营—杨寨	Ⅳ	劣Ⅴ	Ⅳ	Ⅳ
默河	源头—白庙	Ⅰ		Ⅰ	Ⅰ
	白庙—坝下	Ⅱ		Ⅱ	Ⅱ
	坝下—吕营	劣Ⅴ	劣Ⅴ	Ⅳ	Ⅳ
	吕营—杨寨	Ⅳ	劣Ⅴ	Ⅳ	Ⅳ

表5-4　不同类别水质COD和NH_3-N浓度限值

指标	Ⅰ	Ⅱ	Ⅲ	Ⅳ	Ⅴ
COD(mg/L)	15	15	20	30	40
NH_3-N(mg/L)	0.15	0.5	1.0	1.5	2.0

表5-5　主要控制水功能区段的本底浓度值（C_0）和水质目标值（C_s）

水功能区段	C_0(mg/L)		C_s(mg/L)	
	COD	NH_3-N	COD	NH_3-N
新桥—前陆营	20	1.0	30	1.5
坝下—吕营	15	0.5	30	1.5
前陆营—杨寨	30	1.5	30	1.5

5.4.4　综合衰减系数（K）的确定

为简化计算，在水质模型中，将污染物在水环境中的物理降解、化学降解和生物降解概化为综合衰减系数。污染物综合衰减系数 K 是计算水环境容量的一项重要参数,它反映了污染物在水体中降解的速率,尤其是在径流量较小的河流,它是决定河流水环境容量大小的最重要的因素之一。大量试验和研究资料表明,综合衰减系数不但与河流的水文条件,如流量、水温、流速、水深、泥沙含量等因素有关,而且与水体的污染程度关系密切。不同的污染物、不同的水体、不同的环境条件,其降解系数是不同的。

确定污染物综合衰减系数的方法很多,主要有水团追踪试验、实测资料反推、类比法、分析借用等。由于影响 COD 和 NH_3-N 的衰减系数的因素较多,对于不同的河段宜采用不同的方法,或多种方法结合推求,最后再进行必要的论证和检验。根据中国环境规划院 2004 年 12 月《地表水环境容量测算技术报告成都验收会会议纪要》精神,综合衰减系数 K 值的测定的影响因素很多,技术上存在一定的难度,建议使用规划院提供的参考值。中国环境规划院《全国水环境容量核定技术指南》提供的河南地区 K 值参考值范围为 $K_{COD}=0.05\sim1.07\ d^{-1}$、$K_{NH_3-N}=0.06\sim0.6\ d^{-1}$。

鉴于以上原因,本次规划综合采用类比和分析借用的方法确定内乡县主要河流的综合衰减系数。根据河南省水文水资源局郭金巨等的研究结果(发表于水信息网),河南省 K_{COD}、K_{NH_3-N} 范围分别为 $0.331\sim2.05\ d^{-1}$、$0.214\sim1.675\ d^{-1}$,均值分别为 $0.931\ d^{-1}$、$0.478\ d^{-1}$。结合内乡境内湍河和默河实际,最终确定的综合衰减系数 K 值为湍河 $K_{COD}=0.8\ d^{-1}$,$K_{NH_3-N}=0.4\ d^{-1}$;默河 $K_{COD}=0.6\ d^{-1}$,$K_{NH_3-N}=0.3\ d^{-1}$,具体见表 5-6。

表 5-6　内乡县主要河流综合衰减系数　(单位:1/d)

水体	功能区	K_{COD}	K_{NH_3-N}
湍河	新桥—前陆营	0.8	0.4
默河	坝下—吕营	0.6	0.3

5.5　水环境容量测算结果与分析

5.5.1　河段理想水环境容量的计算

根据上述确定的水环境容量计算模型与各项参数值,分别选取 90% 保证率最枯月平均流量和年内分水期多年平均流量两种水文设计条件计算内乡县主要控制水功能区段全年理想水环境容量,为拟定污染源排放总量控制方案提供依据。

5.5.1.1　90% 保证率最枯月平均流量法(简称 90% 保证率法)

采用 90% 保证率最枯月平均流量经过计算可以求得,内乡县主要河流水功能区段理想水环境容量合计 COD 为 2 988.14 t/a,NH_3-N 为 108.19 t/a。其中,湍河上的新桥—前陆营水功能区段理想水环境容量 COD 为 1 384.59 t/a,NH_3-N 为 53.69 t/a;湍河上的前陆营—杨寨功能区段理想水环境容量 COD 为 850.19 t/a,NH_3-N 为 29.85 t/a。因此,湍河上的理想水环境容量合计 COD 为 2 234.78 t/a,NH_3-N 为 83.54 t/a;默河上的坝下—吕营水功能区段理想水环境容量 COD 为 753.36 t/a，NH_3-N 为 24.65 t/a，见表 5-7。因而可以看出，内乡县理想水环境容量主要分布在湍河上。

表 5-7　内乡县主要控制水功能区段理想水环境容量汇总（90%保证率法）

水体	功能区段	理想水环境容量（t/a）	
		COD	NH_3-N
湍河	新桥—前陆营	1 384.59	53.69
	前陆营—杨寨	850.19	29.85
	小计	2 234.78	83.54
默河	坝下—吕营	753.36	24.65
合计		2 988.14	108.19

在计算过程中，紫微地毯、华升纸业、德润化工、仙鹤纸业等合计污水排放流量约 0.15 m^3/s，污水处理厂污水排放流量约 0.17 m^3/s。黄水河作为湍河的支流，可以视为入河排污口，由于其入河口与污水处理厂很近，可以概化为一个排污口，其中，黄水河枯水流量以 0.2 m^3/s 计。详细计算过程见表 5-8 和表 5-9。

表 5-8　内乡县主要控制水功能区段理想水环境容量（COD）计算过程

所属河流	水环境功能区段	河段标号	河段起止		长度	Q (m^3/s)	U (m/s)	$\sum q$ (m^3/s)	C_0 (mg/L)	C_s (mg/L)	K (d^{-1})	$C(x)$ (mg/L)	W (t/a)
湍河	新桥—前陆营	1	新桥	牡珠河口	1.8	0.96	0.18		20		0.8	18.23	
		2	牡珠河口	污水处理厂	2.07	0.96	0.18	0.15	18.23	30	0.8		616.19
		3	污水处理厂	前陆营	5.58	0.96	0.18	0.37	30	30	0.8		768.40
		小计	—	—	—	—	—	—	—	—	—	—	1 384.59
默河	坝下—吕营	4	坝下	中明兴星	5.41	0.384	0.2		15		0.6	12.43	
		5	中明兴星	普象养殖	15.3	0.384	0.2	0	12.43	30	0.6		467.44
		6	普象养殖	龙大牧原	13.05	0.384	0.2	0	30	30	0.6		208.25
		7	龙大牧原	吕营	5.58	0.384	0.2	0	30	30	0.6		77.67
		8	吕营	交叉口	4.05	0.384	0.2		30		0.6	26.06	
		小计	—	—	—	—	—	—	—	—	—	—	753.36
湍河	前陆营—杨寨	9	前陆营	交叉口	2.7	0.96	0.18		30		0.8	26.11	
		10	交叉口	杨寨	4.95	0.96	0.18	0.384	26.10	30	0.8		850.19
		小计	—	—	—	—	—	—	—	—	—	—	850.19
合计			—	—	—	—	—	—	—	—	—	—	2 988.14

表 5-9　内乡县主要控制水功能区段理想水环境容量(NH_3-N)计算过程

所属河流	水环境功能区段	河段标号	河段起止		长度	Q (m^3/s)	U (m/s)	Σq (m^3/s)	C_0 (mg/L)	C_s (mg/L)	K (d^{-1})	$C(x)$ (mg/L)	W (t/a)
湍河	新桥—前陆营	1	新桥	牡珠河口	1.8	0.96	0.18		1.0		0.4	0.95	
		2	牡珠河口	污水处理厂	2.07	0.96	0.18	0.15	0.95	1.5	0.4		26.48
		3	污水处理厂	前陆营	5.58	0.96	0.18	0.37	1.5	1.5	0.4		27.21
		小计	—	—	—	—	—	—	—	—	—	—	53.69
默河	坝下—吕营	4	坝下	中明兴星	5.41	0.384	0.2		0.5		0.3	0.46	
		5	中明兴星	普象养殖	15.3	0.384	0.2	0	0.46	1.5	0.3		18.18
		6	普象养殖	龙大牧原	13.05	0.384	0.2	0	1.5	1.5	0.3		4.62
		7	龙大牧原	吕营	5.58	0.384	0.2	0	1.5	1.5	0.3		1.85
		8	吕营	交叉口	4.05	0.384	0.2		1.5		0.3	1.40	
		小计	—	—	—	—	—	—	—	—	—	—	24.65
湍河	前陆营—杨寨	9	前陆营	交叉口	2.7	0.96	0.18		1.5		0.4	1.40	
		10	交叉口	杨寨	4.95	0.96	0.18	0.384	1.40	1.5	0.4		29.85
		小计	—	—	—	—	—	—	—	—	—	—	29.85
合计			—	—	—	—	—	—	—	—	—	—	108.19

5.5.1.2　年内分水期多年平均流量法(简称分水期法)

采用年内分水期多年平均流量法经过计算可以求得,内乡县主要河流水功能区段理想水环境容量分水期合计 COD 为 14 038.38 t,NH_3-N 为 608.31 t。其中,湍河上的新桥—前陆营水功能区段理想水环境容量分水期合计 COD 为 5 139.31 t,NH_3-N 为 221.68 t;湍河上的前陆营—杨寨水功能区段理想水环境容量分水期合计 COD 为 5 126.56 t,NH_3-N 为219.24 t。因此,湍河上的理想水环境容量分水期合计 COD 为 10 265.87 t,NH_3-N 为 440.92 t;默河上的坝下—吕营水功能区段理想水环境容量分水期合计 COD 为 3 772.51 t,NH_3-N 为 167.39 t,见表 5-10。

表 5-10　内乡县主要控制水功能区段理想水环境容量汇总(分水期法)

水体	水环境功能区段	枯水期(t)		平水期(t)		丰水期(t)		分水期合计(t)	
		COD	NH_3-N	COD	NH_3-N	COD	NH_3-N	COD	NH_3-N
湍河	新桥—前陆营	549.44	23.31	1 000.44	41.80	3 589.43	156.57	5 139.31	221.68
	前陆营—杨寨	451.50	18.46	938.06	38.39	3 737.00	162.39	5 126.56	219.24
	小计	1 000.94	41.77	1 938.50	80.19	7 326.43	318.96	10 265.87	440.92
默河	坝下—吕营	397.53	15.43	778.97	31.09	2 596.01	120.87	3 772.51	167.39
合计		1 398.47	57.20	2 717.47	111.28	9 922.44	439.83	14 038.38	608.31

5.5.2　河段水环境容量的计算

水环境容量定义为理想水环境容量减去进入该河道非点源部分的入河量，为实际环境管理可利用的水环境容量。根据第 3 章污染源现状调查的成果，内乡县主要控制水功能区段非点源污染源入河量见表 3-20。

5.5.2.1　90% 保证率最枯月平均流量法

经过计算可以得到，现状年内乡县主要河流水功能区段水环境容量合计 COD 为 2 789.43 t，NH_3-N 为 71.70 t。其中，湍河上的新桥—前陆营水功能区段水环境容量 COD 为 1 307.30 t，NH_3-N 为 39.34 t；湍河上的前陆营—杨寨水功能区段水环境容量 COD 为 850.19 t，NH_3-N 为 29.85 t。因此，现状年湍河上的水环境容量合计 COD 为 2 157.49 t，NH_3-N 为 69.19 t；默河上的坝下—吕营水功能区段水环境容量 COD 为 631.94 t，NH_3-N 为 2.51 t，见表 5-11。

表 5-11　现状年内乡县水环境容量计算结果（90% 保证率法）

水体	功能区段	理想水环境容量（t）		非点源污染物入河量（t）		水环境容量（t）	
		COD	NH_3-N	COD	NH_3-N	COD	NH_3-N
湍河	新桥—前陆营	1 384.59	53.69	77.29	14.35	1 307.30	39.34
	前陆营—杨寨	850.19	29.85	0	0	850.19	29.85
	小计	2 234.78	83.54	77.29	14.35	2 157.49	69.19
默河	坝下—吕营	753.36	24.65	121.42	22.14	631.94	2.51
合计		2 988.14	108.19	198.71	36.49	2 789.43	71.70

进一步地，可以绘制出现状年湍河与默河的污染物水环境容量分布比例图，见图 5-4。从图 5-4 可以很直观地看出，目前内乡县水环境容量主要分布在湍河上。

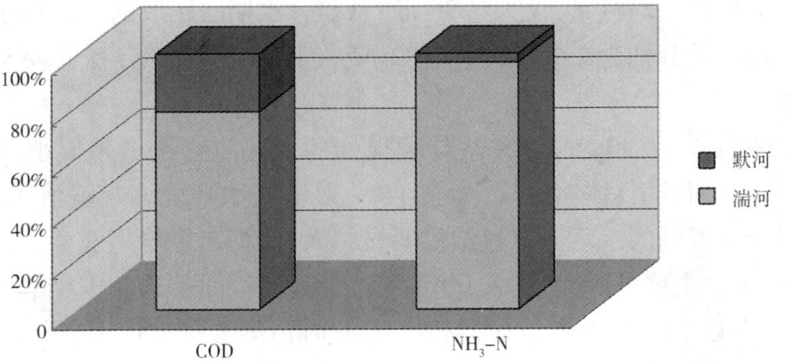

图 5-4　现状年内乡县 COD 和 NH_3-N 可利用水环境容量分布

5.5.2.2　年内分水期多年平均流量法

使用该方法计算现状年内乡县主要河流水功能区段水环境容量时，需要将非点源污染物入河量分别分配到枯水期、平水期和丰水期。考虑到内乡县主要河流水功能区段污染物进入河道的实际,将遵循以下的分配原则:农田径流污染物入河量和农村生活污染物入河量全部归到丰水期,而城镇生活污染物入河量则平均分配到枯水期、平水期和丰水期。

经过计算可以得到,现状年内乡县主要河流水功能区段水环境容量分水期合计 COD 为 13 839. 68 t,NH_3-N 为 571. 83 t。其中,湍河上的新桥—前陆营水功能区段水环境容量分水期合计 COD 为 5 062. 03 t,NH_3-N 为 207. 31 t;湍河上的前陆营—杨寨水功能区段水环境容量分水期合计 COD 为 5 126. 56 t,NH_3-N 为 219. 24 t。因此,湍河上的水环境容量分水期合计 COD 为 10 188. 59 t,NH_3-N 为 426. 55 t;默河上的坝下—吕营水功能区段水环境容量分水期合计 COD 为 3 651. 09 t,NH_3-N 为 145. 28 t,见表 5-12。

表 5-12 内乡县水环境容量计算结果(分水期法)

水体	水环境功能区段	枯水期(t)		平水期(t)		丰水期(t)		分水期合计(t)	
		COD	NH_3-N	COD	NH_3-N	COD	NH_3-N	COD	NH_3-N
湍河	新桥—前陆营	542. 68	22. 48	993. 68	40. 96	3 525. 67	143. 87	5 062. 03	207. 31
	前陆营—杨寨	451. 50	18. 46	938. 06	38. 39	3 737. 00	162. 39	5 126. 56	219. 24
	小计	994. 18	40. 94	1 931. 74	79. 35	7 262. 67	306. 26	10 188. 59	426. 55
默河	坝下—吕营	385. 61	13. 99	767. 05	29. 64	2 498. 43	101. 65	3 651. 09	145. 28
合计		1 379. 79	54. 93	2 698. 79	108. 99	9 761. 10	407. 91	13 839. 68	571. 83

与 90% 保证率法相比,分水期法计算得到的总的水环境容量 COD 和 NH_3-N 分别增加了 11 050. 24 t 和 500. 13 t。这种计算结果上的显著差异主要是选取的河流计算流量和流速的较大差别所致。以湍河上的新桥—前陆营水功能区段的计算流量为例,90% 保证率法选取的是最枯月平均流量,仅为 0. 96 m^3/s,而分水期法选取的年内枯水期、平水期和丰水期多年平均流量分别为 2. 17 m^3/s、4. 82 m^3/s 和 23. 91 m^3/s,有了较大幅度的增加,包括枯水期流量。

值得说明的是,虽然 90% 保证率法计算得到的水环境容量结果偏小,但计算结果偏安全,而且用容量控制法具体实施时,为全年"一刀切",水环境综合整治实施起来相对容易。分水期法计算得到的水环境容量结果明显偏大,计算结果偏不安全,容量控制法具体实施时,相对复杂。主要是因为:其一,分水期法计算流量的基础为多年平均流量,遇到特枯年型,河流的实际水环境容量会大幅缩水,若此时污染源排放依旧,很容易引起水污染事件;其二,分水期法计算的水环境容量为充分利用了丰、平、枯不同水期的水环境容量,相应地,不同水期的容量利用也要分别提出具体的控制要求,甚至有可能要求污染源按不同水期进行排放,这一点并不是每个企业每个行业都能做到的。

综合看来,90% 保证率法计算结果偏安全,可作为水环境综合整治一般意义上的指导。分水期法计算结果偏不安全,不能作为核定水环境容量的标准,但在社会经济发展的特殊时期，如果能实现对污染源排放的分水期调节和控制，完全可以考虑水环境容量的多年或年内调节变化，从而使水环境容量得到最充分的利用。

5.5.3　现状年削减量的计算

根据第 3 章污染源现状调查成果，内乡县主要河流水功能区段点源污染源入河量见表 3-20，对比各水功能区段水环境容量即可计算出现状年各水功能区段点源污染物入河削减量。若表中入河削减量为负值，则说明该水功能区段尚有水环境容量可以利用。

5.5.3.1　90% 保证率最枯月平均流量法

现状年污染物入河削减量计算结果见表 5-13。从表 5-13 中可以看出，现状年内乡县主要河流水功能区段需要削减的点源污染物入河总量 COD 为 5 291.02 t，NH_3-N 为 664.52 t，其主要的削减任务来源于默河的点源污染，具体来讲是默河的规模化畜禽养殖污染。现状年在湍河上尚有部分水环境容量可以利用，其中，新桥—前陆营水功能区段的 COD 容量尚有 149.21 t 剩余，而 NH_3-N 的点源年入河量已经超标，需要削减 4.11 t；前陆营—杨寨水功能区段由于目前没有点源污染物入河排放，因此还有较大的水环境容量，COD 容量为 850.19 t，NH_3-N 容量为 29.85 t。但是出于安全方面的考虑，建议谨慎利用该水功能区段的水环境容量，因为杨寨断面为内乡县的出境水监测断面，该水功能区段对于缓解上游水环境容量压力，保障出境水质安全达标起着重要的作用。

表 5-13　现状年内乡县污染物入河削减量计算结果(90% 保证率法)

水体	功能区段	水环境容量(t)		点源入河量(t)		入河削减量(t)	
		COD	NH_3-N	COD	NH_3-N	COD	NH_3-N
湍河	新桥—前陆营	1 307.30	39.34	1 158.09	43.45	-149.21	4.11
	前陆营—杨寨	850.19	29.85	0	0	-850.19	-29.85
	小计	2 157.49	69.19	1 158.09	43.45	-999.40	-25.74
默河	坝下—吕营	631.94	2.51	6 922.36	692.77	6 290.42	690.26
合计		2 789.43	71.70	8 080.45	736.22	5 291.02	664.52

注：表中负数表示水环境容量尚有盈余，不需要削减。

默河上的坝下—吕营水功能区段由于目前存在着大量的养殖废水排放，因此 COD 和 NH_3-N 的入河量均已严重超标，需要进行大幅度的削减，现状年其 COD 和 NH_3-N 削减量分别为 6 290.42 t 和 690.26 t。

5.5.3.2　年内分水期多年平均流量法

在计算内乡县主要河流水功能区段点源污染物入河削减量时，考虑到工业、污水处理厂以及规模化畜禽养殖的排放特点，将各水功能区段点源污染物入河量均匀分配到枯水期、平水期和丰水期。现状年内乡县 COD 和 NH_3-N 水环境容量削减分布见图 5-5。

现状年内乡县污染物入河削减量计算结果见表 5-14。从表 5-14 中可以看出，现状年内乡县主要河流水功能区段分水期合计需要削减的点源 COD 和 NH_3-N 入河总量分别为 -5 759.22 t 和 164.50 t，其主要的削减任务同样是来源于默河上规模化畜禽养殖污染

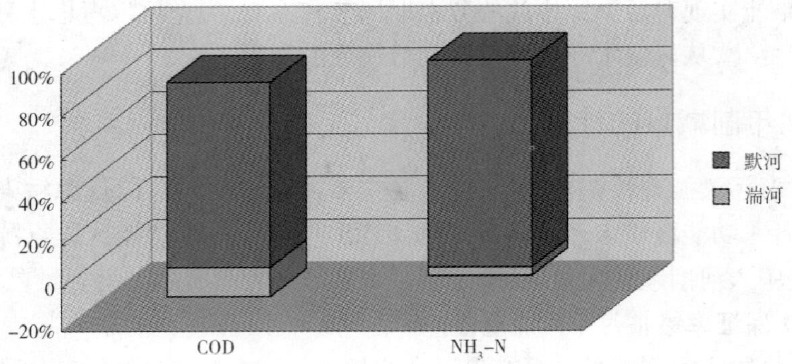

图 5-5　现状年内乡县 COD 和 NH_3-N 水环境容量削减分布

物的排放。在湍河上尚有较多的水环境容量可以加以利用,COD 和 NH_3-N 的分水期合计可利用容量分别达到了 9 030.50 t 和 383.11 t。而在默河上点源污染物入河量严重超出水功能区段分水期合计水环境容量,现状年 COD 和 NH_3-N 的分水期合计入河削减量分别达到了 3 271.28 t 和 547.61 t。

表 5-14　现状年内乡县污染物入河削减量计算结果(分水期法)

水体	水环境功能区段	枯水期(t)		平水期(t)		丰水期(t)		分水期合计(t)	
		COD	NH_3-N	COD	NH_3-N	COD	NH_3-N	COD	NH_3-N
湍河	新桥—前陆营	-156.65	-8	-607.65	-26.48	-3 139.64	-129.39	-3 903.94	-163.87
	前陆营—杨寨	-451.50	-18.46	-938.06	-38.39	-3 737	-162.39	-5 126.56	-219.24
	小计	-608.15	-26.46	-1 545.71	-64.87	-6 876.64	-291.78	-9 030.50	-383.11
默河	坝下—吕营	1 921.85	216.94	1 540.41	201.29	-190.98	129.38	3 271.28	547.61
合计		1 313.70	190.48	-5.30	136.42	-7 067.62	-162.40	-5 759.22	164.50

注:表中负数表示水环境容量尚有盈余,不需要削减。

就各水功能区段各分水期而言,湍河上的两个水功能区段在丰水期、平水期和枯水期均存在剩余容量,特别是新桥—前陆营水功能区段枯水期的 COD 和 NH_3-N 剩余容量分别为 156.65 t 和 8 t,这部分容量对于该功能区段能否增加新的工业项目将有着重要的指导意义。而默河上的坝下—吕营水功能区段除在丰水期有 190.98 t 的 COD 剩余容量外,在其他各时段均不存在有剩余容量,需要对点源污染物入河量进行较大的削减,特别是在枯水期 COD 和 NH_3-N 的点源入河削减量分别达到了 1 921.85 t 和 216.94 t,因此此时该水功能区段的水质状况也最差。

与 90%保证率法计算得到的现状年内乡县主要河流水功能区段点源污染物入河削减量相比,分水期法计算得到的 COD 和 NH_3-N 的点源入河削减量分别为 -5 759.22 t 和 164.50 t,而 90%保证率法计算结果分别是 5 291.02 t 和 664.52 t,两种方法计算得到的结果分别相差 11 050.24 t 和 500.02 t,其原因主要为分水期法计算得到的分水期合计水环境容量偏大。

但是这两种方法计算得到的结果并不矛盾，90% 保证率法所选取的水文设计条件保证程度比较高，像湍河的最枯月平均流量仅为 0.96 m^3/s，而分水期法所选取的枯水期多年平均流量已经达到了 2.17 m^3/s，平水期和丰水期的多年平均流量更大，因此计算得到的水环境容量也就更大，但是该结果的保证率却要低于 90% 保证率法的计算结果的保证率，偏向不安全。在利用分水期法计算得到的各水功能区段可用水环境容量时，一定要注意枯水期容量的限制，做好各分水期之间污染物排放的调节。

5.5.4　水环境容量计算结果合理性分析

根据第 3 章内乡县主要河流水质现状评价结果：湍河上的 COD 水质基本达标，NH_3-N 水质超标，默河上的 COD 和 NH_3-N 水质均严重超标，下面分别对 90% 保证率法和分水期法的计算成果进行合理性分析。

(1)90% 保证率最枯月平均流量法。总的来看，内乡县主要河流水功能区段的水环境容量、污染物入河削减量与对应的水质现状基本上是吻合的。现状年在湍河上的新桥—前陆营水功能区段 COD 和 NH_3-N 的入河削减量分别为 -149.21 t 和 4.11 t，可以解释为该水功能区段 COD 水质基本达标，而 NH_3-N 水质略微超标。在默河上的坝下—吕营水功能区段 COD 和 NH_3-N 的入河削减量分别为 6 290.42 t 和 690.26 t，可以解释为该水功能区段 COD 和 NH_3-N 水质均已严重超标，需要采取措施进行整治。因此，利用该方法计算得到的水环境容量基本上是合理的。

(2)年内分水期多年平均流量法。使用分水期法计算得到的内乡县主要河流水功能区段的分水期合计水环境容量、污染物入河削减总量与对应的水质现状存在着一定的偏差。实际上，现状年 2008 年属于枯水年型，若将分水期法计算得到的水环境容量应用于枯水年型的水质比较，这种比较本身就没有现实意义。但是，单就分水期法的枯水期计算的水环境容量结果而言，虽然比 90% 保证率法计算结果稍微偏大，但与对应的水质现状基本上也是吻合的。

5.5.5　规划水平年削减量的计算

规划水平年污染物削减量的计算主要基于以下几点假设：

(1)规划水平年河流排污口及其水文条件不发生变化，即理想水环境容量不变；

(2)规划水平年重点污染企业名单维持现状，只计新增“内乡县乌克生物化学有限公司”；

(3)规划水平年考虑污水处理厂治污工艺的改进和中水回用；

(4)规划水平年规模化养殖企业的污水都自行消化，实现河流污染物零排放；

(5)规划水平年工业点源污染物排放与其发展规模成正比；

(6)规划水平年城市和农村生活污染物排放只考虑人口增长和排污系数的变化因素；

(7)规划水平年散养畜禽污染物排放变化只考虑畜禽养殖数量的增长因素；

(8)规划水平年农田径流污染物排放变化只考虑农田径流排污系数变化因素；

(9)规划水平年污染物入河系数不变。

根据以上假设,结合第4章规划水平年污染物入河量预测计算成果(见表4-20),分别利用上述两种方法计算出规划水平年2015年和2020年的水环境容量及其入河削减量见表5-15~表5-19。从表中数据不难看出,随着点源和非点源污染的进一步扩大,水环境容量将逐渐减小,污染物入河削减的任务将逐年加重。

表5-15　规划水平年内乡县水环境容量及其入河削减量(90%保证率法)

水体	功能区段	2015年				2020年			
		水环境容量(t)		入河削减量(t)		水环境容量(t)		入河削减量(t)	
		COD	NH_3-N	COD	NH_3-N	COD	NH_3-N	COD	NH_3-N
湍河	新桥—前陆营	1 220.46	29.32	185.36	26.68	1 184.57	25.69	263.92	34.90
	前陆营—杨寨	850.19	29.85	-850.19	-29.85	850.19	29.85	-850.19	-29.85
	小计	2 070.65	59.17	-664.83	-3.17	2 034.76	55.54	-586.27	5.05
默河	坝下—吕营	511.65	-11.22	-460.57	18.98	459.76	-16.40	-392.38	26.74
合计		2 582.30	47.95	-1 125.40	15.81	2 494.52	39.14	-978.65	31.79

注:表中负数表示水环境容量尚有盈余,不需要削减。

表5-16　2015年内乡县水环境容量计算结果(分水期法)

水体	水环境功能区段	枯水期(t)		平水期(t)		丰水期(t)		分水期合计(t)	
		COD	NH_3-N	COD	NH_3-N	COD	NH_3-N	COD	NH_3-N
湍河	新桥—前陆营	512.58	18.89	963.58	37.37	3 499.03	141.05	4 975.19	197.31
	前陆营—杨寨	451.50	18.46	938.06	38.39	3 737	162.39	5 126.56	219.24
	小计	964.08	37.35	1 901.64	75.76	7 236.03	303.44	10 101.75	416.55
默河	坝下—吕营	343.35	8.94	724.79	24.59	2 462.64	98.01	3 530.78	131.54
合计		1 307.43	46.29	2 626.43	100.35	9 698.67	401.45	13 632.53	548.09

表5-17　2015年内乡县污染物入河削减量计算结果(分水期法)

水体	水环境功能区段	枯水期(t)		平水期(t)		丰水期(t)		分水期合计(t)	
		COD	NH_3-N	COD	NH_3-N	COD	NH_3-N	COD	NH_3-N
湍河	新桥—前陆营	-43.97	-0.22	-494.97	-18.70	-3 030.42	-122.38	-3 569.36	-141.30
	前陆营—杨寨	-451.50	-18.46	-938.06	-38.39	-3 737	-162.39	-5 126.56	-219.24
	小计	-495.47	-18.68	-1 433.03	-57.09	-6 767.42	-284.77	-8 695.92	-360.54

续表 5-17

水体	水环境功能区段	枯水期(t)		平水期(t)		丰水期(t)		分水期合计(t)	
		COD	NH_3-N	COD	NH_3-N	COD	NH_3-N	COD	NH_3-N
默河	坝下—吕营	-326.33	-6.35	-707.77	-22	-2 445.62	-95.42	-3 479.72	-123.77
合计		-821.80	-25.03	-2 140.80	-79.09	-9 213.04	-380.19	-12 175.64	-484.31

注：表中负数表示水环境容量尚有盈余，不需要削减。

表 5-18　2020 年内乡县水环境容量计算结果(分水期法)

水体	水环境功能区段	枯水期(t)		平水期(t)		丰水期(t)		分水期合计(t)	
		COD	NH_3-N	COD	NH_3-N	COD	NH_3-N	COD	NH_3-N
湍河	新桥—前陆营	500.32	17.64	951.32	36.12	3 487.64	139.90	4 939.28	193.66
	前陆营—杨寨	451.50	18.46	938.06	38.39	3 737	162.39	5 126.56	219.24
	小计	951.82	36.10	1 889.38	74.51	7 224.64	302.29	10 065.84	412.90
默河	坝下—吕营	325.34	7.11	706.78	22.76	2 446.81	96.48	3 478.93	126.35
合计		1 277.16	43.21	2 596.16	97.27	9 671.45	398.77	13 544.77	539.25

表 5-19　2020 年内乡县污染物入河削减量计算结果(分水期法)

水体	水环境功能区段	枯水期(t)		平水期(t)		丰水期(t)		分水期合计(t)	
		COD	NH_3-N	COD	NH_3-N	COD	NH_3-N	COD	NH_3-N
湍河	新桥—前陆营	-17.49	2.55	-468.49	-15.93	-3 004.81	-119.71	-3 490.79	-133.09
	前陆营—杨寨	-451.50	-18.46	-938.06	-38.39	-3 737	-162.39	-5 126.56	-219.24
	小计	-468.99	-15.91	-1 406.55	-54.32	-6 741.81	-282.10	-8 617.35	-352.33
默河	坝下—吕营	-302.88	-3.66	-684.32	-19.31	-2 424.35	-93.03	-3 411.55	-116.00
合计		-771.87	-19.57	-2 090.87	-73.63	-9 166.16	-375.13	-12 028.90	-468.33

注：表中负数表示水环境容量尚有盈余，不需要削减。

5.5.5.1　90%保证率最枯月平均流量法

在湍河上，按照目前企业所提出的发展规划，到 2015 年，新桥—前陆营水功能区段 COD 已不再有剩余容量，需要削减 185.36 t，且 NH_3-N 的点源入河量将超出其水环境容量，需要削减 26.68 t。到 2020 年，随着非点源污染物入河量的增加，水环境容量相对减小，COD 和 NH_3-N 的入河削减量分别达到 263.92 t 和 34.90 t。

在默河上，如果能够实现规模化畜禽养殖的污染物零排放，那么到 2015 年和 2020 年，默河上的 COD 水环境容量将分别达到 511.65 t 和 459.76 t，完全可以满足现状企业的 COD 容量要求，但是 NH_3-N 容量仍然过小，分别为 -11.22 t 和 -16.40 t。因此，该水功能区段的 NH_3-N 削减任务依然逐年加重，2015 年和 2020 年将分别达到 18.98 t 和 26.74 t。

5.5.5.2 年内分水期多年平均流量法

利用前面分水期法计算得到的内乡县主要河流水功能区段理想水环境容量，结合对规划水平年污染物入河量预测成果，可以分别得到 2015 年和 2020 年各水功能区段各分水期的水环境容量以及点源污染物入河削减量，见表 5-16 ~ 表 5-19。

从表中可以看出，在未来规划水平年内乡县主要河流水功能区段分水期合计水环境容量将保持在一定的水平，即 2015 年分水期合计 COD 和 NH_3-N 水环境容量分别为 13 632.53 t 和 548.09 t，2020 年分水期合计 COD 和 NH_3-N 水环境容量分别为 13 544.77 t 和 539.25 t。随着工业规模的扩大以及城市生活污水处理率的提高，在未来年点源污染物入河削减量也将增加，到 2015 年分水期合计 COD 和 NH_3-N 入河削减量分别为 -12 175.64 t 和 -484.31 t，到 2020 年分水期合计 COD 和 NH_3-N 入河削减量将分别为 -12 028.90 t 和 -468.33 t。

在湍河上，结合目前企业所提出的发展规划和清洁生产措施，到 2015 年新桥—前陆营水功能区段在任何时段污染物水环境容量都存在剩余，其中枯水期的 COD 剩余容量为 43.97 t，能够满足该功能区段的水质要求。到 2020 年随着该功能区段工业污染物入河排放量的增加以及污水处理厂实现中水回用，在枯水期 COD 还有 17.49 t 的剩余容量，NH_3-N需要削减 2.55 t；在平水期 COD 的剩余容量为 468.49 t，能够满足该时段的水环境要求，NH_3-N 的剩余容量达到了 15.93 t；而在丰水期 COD 和 NH_3-N 的剩余容量分别达到 3 004.81 t 和 119.71 t。

在默河上，由于规划实现规模化畜禽养殖的河流污染物零排放，那么在未来规划水平年，默河上各分水期均有一定的 COD 和 NH_3-N 剩余容量，到 2015 年，坝下—吕营水功能区段枯水期 COD 和 NH_3-N 剩余容量分别为 326.33 t 和 6.35 t，COD 指标可以完全满足水质要求，NH_3-N 指标基本上可以满足要求。到 2020 年，该功能区段枯水期 COD 和 NH_3-N 剩余容量分别为 302.88 t 和 3.66 t，完全可以满足未来企业规划的发展要求，但是该功能区段的 NH_3-N 削减任务却逐年加重，需要采取进一步的措施加以控制。

5.5.6 水环境容量的合理利用

由于 90% 保证率法选取的河流计算流量和流速相对较小，水文设计条件保证程度较高，因此计算得到的水环境容量结果偏小，但是偏向安全。综合考虑内乡县水环境容量资源的分布特点、污染物排放方式以及仙鹤纸业等企业在内乡县经济社会发展过程中的地位和作用，建议在 2015 年之前，内乡县的水环境容量按照枯水期多年平均流量进行核算。

由表 5-16 不难看出，2015 年内乡县的新桥—前陆营水功能区段枯水期水环境容量 COD 为 512.58 t，如果按全年核算，该水功能区段的年可利用水环境容量为 1 537.74 t。

由于在 2015 年该水功能区段的点源污染物 COD 入河量为 1 405. 82 t，因此还有 131. 92 t 的剩余容量。但以该容量进行总量控制时，企业需做到按分水期排污，考虑到经济技术的进步以及企业清洁生产、治污水平的提高，该方案能够保证下游出境断面水质安全，可以作为本次水环境综合整治规划的过渡方案。

根据规划的总的控制目标，到 2020 年对内乡县主要河流水功能区段水环境容量 COD 进行从严控制，即按照 90% 保证率法计算得到的结果进行控制。根据前面的预测结果，到 2020 年湍河上的新桥—前陆营水功能区段水环境容量 COD 为 1 184. 57 t，而点源污染物入河量达到了 1 448. 49 t，削减量达到了 263. 92 t。由于在 2020 年已经规划实现了默河上的坝下—吕营水功能区段规模化畜禽养殖污染物河流零排放，水质得到了极大的好转，因此可以考虑利用湍河上的前陆营—杨寨水功能区段的水环境容量。

由于在湍河上的前陆营—杨寨水功能区段没有规划点源排污口，因此到 2020 年该功能区段的水环境容量 COD 为 850. 19 t。从管理的角度可以考虑该水功能区段 40% ~ 50% 的水环境容量利用，即 340. 08 ~ 425. 10 t，结合新桥—前陆营水功能区段 263. 92 t 的削减量，还有 76. 16 ~ 161. 18 t 的剩余容量，能够实现杨寨断面的水质达标，可以作为本次水环境综合整治规划的目标方案。

5. 6　本章小结

本次水环境容量测算选取的计算因子为 COD 和 NH_3-N，计算的水环境容量值为扣除非点源污染后实际环境管理可利用的水环境容量，选取的计算模型为河流一维水质模型。模型主要计算了湍河上的新桥—前陆营、前陆营—杨寨水功能区段以及默河上的坝下—吕营水功能区段的水环境容量值。

模型分别采用了 90% 保证率最枯月平均流量和年内分水期多年平均流量 2 种水文设计条件，采用的综合衰减系数 K 值为：湍河 $K_{COD}=0.8\ d^{-1}$，$K_{NH_3-N}=0.4\ d^{-1}$；默河 $K_{COD}=0.6\ d^{-1}$，$K_{NH_3-N}=0.3\ d^{-1}$。通过概化河流及排污口，计算出了内乡县 2 种水文设计条件下主要河流水功能区段现状年和未来年的理想水环境容量、水环境容量以及点源污染物入河削减量。

5. 6. 1　现状年理想水环境容量

90% 保证率法计算得到的内乡县主要河流水功能区段理想水环境容量合计 COD 为 2 988. 14 t，NH_3-N 为 108. 19 t，且主要分布在湍河上的新桥—前陆营水功能区段，分别达到了 COD 为 1 384. 59 t，NH_3-N 为 53. 69 t。默河上的坝下—吕营水功能区段理想水环境容量 COD 为 753. 36 t，NH_3-N 为 24. 65 t。

分水期法计算得到的内乡县主要河流水功能区段理想水环境容量分水期合计 COD 为 14 038. 38 t，NH_3-N 为 608. 31 t，其中，湍河上新桥—前陆营水功能区段理想水环境容量分水期合计 COD 为 5 139. 31 t，NH_3-N 为 221. 68 t。默河上坝下—吕营水功能区段理想水环境容量分水期合计 COD 为 3 772. 51 t，NH_3-N 为 167. 39 t。

5.6.2　现状年水环境容量

90%保证率法计算得到的现状年内乡县主要河流水功能区段水环境容量合计 COD 为 2 789.43 t，NH_3-N 为 71.70 t，其中，湍河上的新桥—前陆营水功能区段水环境容量 COD 为 1 307.30 t，NH_3-N 为 39.34 t。默河上的坝下—吕营水功能区段水环境容量 COD 为 631.94 t，NH_3-N 为 2.51 t。

分水期法计算得到的现状年内乡县主要河流水功能区段水环境容量分水期合计 COD 为 13 839.67 t，NH_3-N 为 571.83 t，其中，湍河上的新桥—前陆营水功能区段水环境容量分水期合计 COD 为 5 062.03 t，NH_3-N 为 207.31 t。默河上的坝下—吕营水功能区段水环境容量分水期合计 COD 为 3 651.09 t，NH_3-N 为 145.28 t。

5.6.3　现状年点源污染物入河削减量

90%保证率法计算得到的现状年内乡县主要河流水功能区段需要削减的点源污染物入河总量 COD 为 5 291.02 t，NH_3-N 为 664.52 t，其中，湍河上的新桥—前陆营水功能区段削减量 COD 为 -149.21 t，NH_3-N 为 4.11 t。默河上的坝下—吕营水功能区段削减量 COD 为 6 290.42 t，NH_3-N 为 690.26 t，污染物来源主要是规模化畜禽养殖污水排放。

分水期法计算得到的现状年内乡县主要河流水功能区段需要削减的点源污染物入河量分水期合计 COD 为 -5 759.22 t，NH_3-N 为 164.50 t，其中，湍河上的新桥—前陆营水功能区段削减量分水期合计 COD 为 -3 903.94 t，NH_3-N 为 -163.87 t，且各分水期均存在有剩余容量，特别是在枯水期 COD 和 NH_3-N 的剩余容量分别达到了 156.65 t 和 8 t。默河上的坝下—吕营水功能区段削减量分水期合计 COD 为 3 271.28 t，NH_3-N 为 547.61 t，且除了在丰水期 COD 存在 190.98 t 的剩余容量，在其他分水期均不存在剩余容量。

5.6.4　规划年点源污染物入河削减量

90%保证率法预测得到的内乡县 2015 年主要河流水功能区段需要削减的点源污染物入河总量 COD 为 -1 125.40 t，NH_3-N 为 15.81 t，其中，湍河上的新桥—前陆营水功能区段削减量 COD 为 185.36 t，NH_3-N 为 26.68 t。默河上的坝下—吕营水功能区段削减量 COD 为 -460.57 t，NH_3-N 为 18.98 t。预计到 2020 年需要削减的点源污染物入河总量 COD 为 -978.65 t，NH_3-N 为 31.79 t，其中，湍河上的新桥—前陆营水功能区段削减量 COD 为 263.92 t，NH_3-N 为 34.90 t。默河上的坝下—吕营水功能区段削减量 COD 为 -392.38 t，NH_3-N 为 26.74 t。

分水期法预测得到的内乡县 2015 年主要河流水功能区段需要削减的点源污染物入河量分水期合计 COD 为 -12 175.64 t，NH_3-N 为 -484.31 t，其中，湍河上的新桥—前陆营水功能区段削减量分水期合计 COD 为 -3 569.36 t，NH_3-N 为 -141.30 t。默河上的坝下—吕营水功能区段削减量分水期合计 COD 为 -3 479.72 t，NH_3-N 为 -123.77 t。预计到 2020 年需要削减的点源污染物入河总量分水期合计 COD 为 -12 028.90 t，NH_3-N 为 -468.33 t，其中，湍河上的新桥—前陆营水功能区段削减量分水期合计 COD

为 -3 490.79 t,NH_3-N 为 -133.09 t。默河上的坝下—吕营水功能区段削减量分水期合计 COD 为 -3 411.55 t,NH_3-N 为 -116.00 t。

5.6.5　两种水文设计条件计算结果对比分析

分水期法计算得到的总的水环境容量 COD 和 NH_3-N 分别比 90% 保证率法得到的结果多 11 050.24 t 和 500.13 t,造成这种差异主要是选取的河流计算流量和流速差别较大所导致,即各水功能区段的 90% 保证率最枯月平均流量均小于枯水期多年平均流量。

90% 保证率法计算得到的水环境容量结果偏小,但计算结果偏安全,而且用容量控制法具体实施时,为全年“一刀切”,水环境综合整治实施起来相对容易。分水期法计算得到的水环境容量结果偏大,计算结果偏不安全,容量控制法具体实施时,相对复杂,不能作为核定水环境容量的标准。但在社会经济发展的特殊时期,如果能实现对污染源排放的分水期调节和控制,完全可以考虑水环境容量的多年或年内调节变化,从而使水环境容量得到最充分的利用。

5.6.6　水环境容量的合理利用

在 2015 年之前,建议按照枯水期多年平均流量计算得到的内乡县主要河流水功能区段的水环境容量进行控制,使得在 2015 年湍河上的新桥—前陆营水功能区段水环境容量 COD 控制在 1 537.74 t 以内,以此作为本次水环境综合整治规划的过渡方案。

在 2015 年之后,建议按照 90% 保证率法计算得到的内乡县主要河流水功能区段的水环境容量进行控制,同时考虑湍河上的前陆营—杨寨水功能区段水环境容量的合理利用,从严控制污染物 COD 的排放量,以此作为本次水环境综合整治规划的目标方案。

第 6 章　区域水污染综合整治总体布局

6.1　规划及政策体系

6.1.1　科学规划,加强引导,逐步优化产业结构

按照循环经济理念优化调整县域经济发展模式和产业结构。坚决关停“十五小”企业,并重点对水污染物排放量较高的制浆造纸、化肥等行业进行结构调整,强制淘汰落后工艺、设备与产品。根据本次规划确定的区域水环境承载力合理确定仙鹤纸业、德润化工、集中养殖业的发展规模,严格控制上述企业高耗水、重污染项目的建设规模,逐步发展污染小、耗水少的项目;实施禁止、限制发展产业名录制度,杜绝新污染源产生。

6.1.2　推行清洁生产,发展循环经济

推行清洁生产,重点对区内造纸、化肥、养殖业等高耗水、重污染的生产企业依法强制实行清洁生产审核,推广新工艺、新技术、新设备,提高水资源利用效率;实施全过程控制,提高水循环利用率,减少水污染物排放。大力发展循环经济,加强对中间产物和各类废物的循环利用,引导造纸和养殖行业拉长产业链条,发展印刷、纸制品、有机肥、屠宰、肉制品加工等产业。

6.1.3　实施严格的入河污染物总量控制制度

污染物总量控制是实现水环境改善,防止水体污染的重要措施。区域在严格执行省(市)污染物总量控制方案基础上,根据本次纳污能力计算结果,将总量控制指标分解落实到各乡镇、企业。县环保部门要制订严格的实施计划,负责区内总量控制方案的落实,确保入河污染物在控制总量之内。

6.1.4　目标管理与行政首长负责制

建立和完善区域水功能区保护和总量控制目标责任制,将水功能区水质和总量控制指标纳入乡镇和企业行政考核目标,把水污染防治工作的成效作为考核各乡镇和企业工作成绩及干部政绩的重要内容。严厉查处超排、偷排污染单位,防止重大水污染事件的发生。

6.1.5　农村“四改一气”激励政策

为改善农村生态环境,减轻农村、农业面源污染,应结合社会主义新农村建设,大力推广农村“四改一气”(改厕、改圈、改灶、改路、建沼气池)生态能源建设项目。把循环经济建设和家庭养殖建设相结合,大力推广以沼气建设为纽带的生态村能源模式;做好沼肥综

合利用示范带动工作,结合农业产业结构调整和无公害种植带动,开展沼液浸种、沼液喷施果蔬、沼液养猪等多种"三沼"综合利用试验、示范,充分发挥沼肥在农业生产的作用;按照"屋顶太阳能、屋内秸秆气化炉、地下沼气池"的多维布局设计,充分利用秸秆、人畜粪便等可再生资源,丰富和优化农村能源结构,减少农村生活和畜禽养殖水污染物排放。

县、乡镇等各级政府要层层分解,签订目标责任书,同时,从县农业局到乡镇(办事处)农技中心要层层签订业务实施责任目标,明确责、权、利,把"四改一气"列为每年必办的项目,纳入各乡、镇目标考核;各级政府要制定一整套严格的、规范的、有效的管理制度,组织、协调建设过程中存在的问题和困难,并充分调动各级有关部门的积极性,为项目建设提供有力的组织保障;县、乡镇各级党委、政府及实施单位和部门,要利用新闻媒体、科技下乡、科普宣传和挨家挨户的走访宣传等各种方式,让农户了解建设沼气池的好处,为项目建设打下坚实的群众基础;采取县、乡补助和农户投入相结合的办法,顺利推进项目建设;县、乡镇各级政府部门还要做好技术指导和后续维修服务工作。

6.2 重点点源治理的工程体系

6.2.1 加强对造纸、化肥、规模养殖等重点工业污染源治理,实施厂外土地处理

按照国家环保政策要求,严格执行建设项目环境影响评价制度和环保"三同时"等制度,加强区域造纸、化肥、规模养殖等重点污染源治理,强制淘汰污染严重和落后工艺、设备与产品。严格环保准入制度,严格控制高耗水、重污染项目的建设规模。所有污染源在稳定达标排放制度基础上,必须满足污染物入河总量控制要求。

在湍河河岸建立人工湿地,与造纸厂和化肥厂的厂内污水处理设施连接起来,把造纸厂全部污水和化肥厂少部分污水引进该系统进行降解,出水60%回用于制浆生产,剩余的排入湍河。

6.2.2 加快县城生活污水管网及处理厂建设,减少污染物入河量

完善县城生活污水管网,要厂网并举、管网优先,并考虑与供水、用水、节水和污水再生利用统筹考虑,建成覆盖整个城区的污水收集系统;加快城市污水处理厂二期工程建设,到2010年、2020年城市污水处理率分别达到70%和80%。

对现有污水处理厂要实施改造,排水达到GB 18918—2002一级A排放标准,规划建设的污水处理厂出水都要按照达到GB 18918—2002一级A排放标准要求设计建设。

逐步在有条件的地方采用人工湿地技术进一步处理城市生活污水,减少污染物入河量。

6.2.3 实施中水利用,提高水资源利用率

逐步实现城市污水处理厂中水回用。近期可考虑实现湍东工业集聚区污水处理厂中水回用,将处理达到回用标准的中水作为湍东工业集聚区的循环冷却水补充水源,远期考虑逐步实现城市污水处理厂中水回用,到2020年城市中水回用率达到40%以上。

政府要积极发展再生水在农业灌溉、绿地浇灌、城市杂用、生态恢复和工业冷却等方面的利用，提高水资源利用率，同时要加强监管力度，防止中水被不恰当利用。

6.3　农村和农业面源控制体系

6.3.1　积极推进新农村建设，控制农村面源

结合社会主义新农村建设，加快农村污水处理、垃圾处理、改水改厕等基础设施建设，使污水和废弃物有效处理，切断水体污染。针对农村地区污染物相对比较简单、经济实力及技术手段欠缺等特点，因地制宜的开发推广人工湿地、芦苇塘、氧化塘以及其他一些成本较低的污水处理技术。逐步加大对农村环保的投入，着力解决制约新农村建设和发展中的突出环境问题，使农村水环境保护工作走上良性发展道路。

6.3.2　推广先进的农业生产技术，逐步控制农业面源

加强农药化肥使用领域的监督执法工作，用法律手段促进农药安全、科学合理地使用，对农药化肥实行减量化，在专用肥的基础上提倡使用有机肥。改进施肥技术，做到定性定量化使用。推广生物防治新技术和新产品，推广应用环保型农药。推广喷灌、滴灌等节水灌溉技术。采取农作物轮作、间作、套种方式；开发无公害、有机农业。

合理布局，使畜禽养殖场远离居民区，远离水源地；加强和改进对畜禽排泄物的综合利用、改进清粪方式、推广立体农业，合理利用养殖厂粪水资源；推广农村户用沼气池，将人畜粪便转化为可利用的沼气、沼液和沼渣资源。水产养殖应使用符合标准的有机肥，禁止使用含有添加剂的饲料，禁止使用动物内脏作饲料。加大植树造林力度，在山区河流上游河源区营造水源涵养林，在水土流失范围内的陡坡地营造水土保持林、经济林；在湖库边种植防护林。

6.3.3　逐步建设乡镇生活污水收集和处理工程

加强农村生活污水收集、处理与资源化设施建设，逐步建设乡镇生活污水收集和处理工程，农村生活污水首先要进行化粪处理，再利用土壤、湿地等生态技术脱氮、脱磷后排放，集镇可纳入污水管道进入污水处理厂处理达标后排放。生活污水处理技术可以考虑：厌氧沼气池处理技术、稳定塘处理技术、人工湿地处理技术和土壤渗滤技术。

6.4　高效的监督管理体系

6.4.1　提高监控能力，加强监督管理

以内乡县环境保护局为主要力量，充实和完善区域水环境保护执法队伍，加强执法能力、执法水平建设，重点对水质及污染物入河控制总量、饮用水水源地等依法监督检查。

根据本次确定的水污染物限排总量，全面开展水质监测，实施重点排污源的实时监

控，定期通报功能区水质、各污染源入河污染物量和入河污染物总量的状况。对超过审批总量的污染源依法查处，限产或停产。

6.4.2　以生活水源地保护为重点，加强水污染风险防范

建立集中式饮用水水源地保护区制度，划定饮用水水源保护区，报省人民政府批准。采取隔离防护、生态修复、排污口治理等措施，加强水源地保护整治工程的建设。关闭饮用水水源地保护区内排污口，优化设置入河排污口，加强作为饮用水水源重要河段、水库的入河排污治理。

对影响水源地水质和存在污染风险的行业和企业实行重点监控，尤其要加强对有毒有机物的监控，完善集中式水源地监测体系，建设水源地监控信息管理系统。制定水源地安全保障应急预案，形成有效的预警和应急救援机制，保障饮用水安全。

6.4.3　加强环保法规宣传教育，提高环保意识，发挥公众监督作用

开展各类环境宣传教育活动，实行环境信息公开，动员社会各界力量参与环境保护。不断增强各级干部和广大群众的环境意识与法制观念。充分发挥舆论引导和监督作用，大力宣传环境保护的方针政策和法律法规，公开曝光环境违法行为。抓好环保基础教育、专业教育、社会教育和岗位培训。全方位、多层次推广适应建立资源节约型、环境友好型社会要求的生产生活方式。

完善环境信息政府网站，公开发布环境质量、环境管理等环境信息。拓宽和畅通群众举报投诉渠道，依法维护公民环境权益。完善公众参与的规则和程序，采用听证会、论证会、社会公示等形式，听取公众意见，接受群众监督，实行民主决策。

6.5　河道纳污能力保障体系

6.5.1　严格河道管理，控制内源污染

严格河道管理，禁止在河道内倾倒垃圾、渣土、动物尸体；在河滩湿地，未经有关行政主管部门依法批准，禁止采砂、取土、淘金、弃置砂石或者淤泥；禁止爆破、钻探、挖筑鱼塘；禁止存放物料、修建厂房或者其他建筑设施。

6.5.2　加强非汛期河道取水管理和上游水库调度，保证河道生态基流

针对湍河非汛期天然径流少的特点，在非汛期要合理规划和安排区域生活、生产用水，要加强河道取水管理和上游水库调度，保障河道生态基流，维持河流一定的稀释自净能力。

6.5.3　逐步实施河道生态治理，提高河道纳污能力

实施林业生态建设工程，逐步建设绿化带、防护林、进行林网间作；对污染严重的水域实行清淤工程，减轻底质污染；选择合适地点，在局部河段引进水生植物种苗繁殖技术，进行水生植物培育，重建水生生态群落；在有条件的河岸、滩地建设人工湿地或土壤及土地处理系统，并与造纸、化肥或生活污水处理系统连接起来。

第7章 重点污染源治理控制规划方案

7.1 制浆造纸企业水污染物控制

7.1.1 企业生产及产排污现状

7.1.1.1 生产现状

企业现有生产规模为年产5万t碱法漂白麦草浆及10万t文化用纸。

7.1.1.2 产排污情况

1)清洁生产水平及产污情况

目前,该企业采用干湿法备料,连蒸连煮工艺,蒸煮好的浆料送至洗筛工段,经串联鼓式真空洗浆机组进行逆流洗涤,提取黑液,再采用三段漂白工艺,漂白后的浆料经洗涤后,送至造纸车间。

根据资料统计,企业现有工程每吨绝干浆产生废水量约为74.6 t,中段废水产生量约为1.7万t/d,造纸生产线产生的约3 000 t稀白水收集到白水池,与经过生化处理的中段水混合后再经过混凝沉淀池处理后排放。现有工程黑液提取率为85%,碱回收率为75%,末端处理前COD_{Cr}浓度为2 200~2 600 mg/L,对照《漂白化学烧碱法麦草浆生产工艺清洁生产标准》(HJ/T 339—2007),企业基本能达到国家二级清洁生产水平要求。

2)末端治理措施及排污情况

企业采用"水解酸化+卡鲁赛尔氧化沟+絮凝沉淀"工艺进行造纸废水的末端处理,处理后出水COD_{Cr}浓度为140~150 mg/L,色度为35~40倍,出水水质符合《制浆造纸工业水污染物排放标准》(GB 3544—2008)中的有关标准要求,但吨浆排水量74.6 t不符合GB 3544—2008中吨浆排水量60 t的标准要求(见表7-1)。

表7-1 企业应采取的清洁生产措施

序号	工序	应采取的清洁生产措施
1	备料工段	干法或干湿法备料工艺
2	蒸煮工段	连蒸连煮工艺
3	碱回收	碱回收规模不得小于100 t/d,采用多效降膜或升、降膜组合蒸发器预挂式过滤机
4	黑液提取	双网挤浆机-三(2+1)段鼓式机-封闭筛选-双辊挤浆机工艺、双网挤浆机-四(3+1)段鼓式机-封闭筛选工艺、挤浆机-五(4+1)段鼓式机-封闭筛选工艺或挤浆机-五(4+1)段鼓式机-封闭筛选-挤浆机工艺,保证黑液提取率不低于88%
5	漂洗工段	无氯漂白工艺
6	造纸工段	纸机白水全部回用

7.1.2 企业规划基本情况

根据企业发展规划，仙鹤纸业有限公司二期项目拟建设年产10万t漂白草浆生产线、12万t特种用纸，配套300 t/d草浆碱回收工程和30 000 m^3/d中段水生物处理工程及50 000 m^3/d人工湿地废水深度处理工程。

企业拟建的人工湿地选址在牡珠沟河与湍河交汇处，牡珠沟河入河口南边闲置洼地，紧挨德润化工厂，占地面积约300亩。

7.1.3 治理控制原则

(1)严格执行《中华人民共和国环境保护法》、《中华人民共和国水污染防治法》、《中华人民共和国环境影响评价法》、《中华人民共和国清洁生产促进法》等法律法规，坚持预防为主、综合治理的方针。

(2)淘汰落后的生产线及生产设备；在生产过程中严格贯彻清洁生产措施，生产过程中的废水实行严格的清污分流、污污分流，并分不同种类分别处理或回用，保证废水实现最大程度的循环利用，减轻末端处理的负担；企业现有和拟建工程的清洁生产水平达到《漂白化学烧碱法麦草浆生产工艺清洁生产标准》(HJ/T 339—2007)一级水平。

(3)在厂内处理的基础上，采取可行的厂外处理措施，进一步削减外排废水污染物量，并最大程度的回用处理后的出水，提高水资源的利用率并减少废水污染物排放。

7.1.4 治理控制措施

7.1.4.1 清洁生产措施

类比国内漂白化学烧碱法麦草浆生产水平，并根据《漂白化学烧碱法麦草浆生产工艺清洁生产标准》(HJ/T 339—2007)有关规定，为达到国家一级清洁生产水平，企业在规划项目建设时，必须实施表7-1中规定的清洁生产措施，对于现有工程也应该进行改造，实施表7-1中清洁生产措施。一级清洁生产水平控制情况下，企业产污情况见表7-2。

表7-2 一级清洁生产水平下企业产污情况

序号	指标	单位	产生情况
1	废水产生量	m^3/吨浆	≤90
2	COD_{Cr}浓度	mg/L	≤1 777
3	BOD_5 浓度	mg/L	≤500
4	SS 浓度	mg/L	≤667
5	AOX 浓度	mg/L	≤16.7

7.1.4.2 废水末端处理措施

国内多数碱法麦草制浆企业废水采取“一级物化+二级生化”的处理工艺，常用中段水处理工艺见表7-3。在正常情况下，碱法麦草浆制浆废水经表7-3中常规的二级生化处理后，COD_{Cr}浓度一般可以达到300～400 mg/L，运行良好的可以稳定在300 mg/L以下。

表7-4为中段废水经末端治理措施后的处理效果。

表7-3　碱法麦草制浆造纸企业常用中段水处理工艺

处理阶段	工艺名称	处理阶段	工艺名称
一级物化	自然沉淀 气浮 混凝沉淀 加药气浮	二级生化	氧化沟工艺 百乐克工艺 水解酸化+氧化沟 水解酸化+百乐克

表7-4　中段废水经末端处理后处理效果

一级物化	二级生化	水量(万t/d)	COD_{Cr}(mg/L)	SS(mg/L)
缺氧池	水解酸化+氧化沟	1.5	150	50

7.1.5　厂外湿地处理系统

7.1.5.1　废水厂外处理的必要性

随着《制浆造纸工业水污染物排放标准》(GB 3544—2008)的颁布,污染物排放标准更加严格,虽然企业现有废水处理工艺可以满足要求,但到2011年,该污水处理方案将不能满足更加严格的排放标准要求,而且内乡县水环境容量也趋于饱和。因此,企业要发展就需要进一步削减废水污染物排放量,做到增产不增污。

7.1.5.2　厂外湿地处理方案的可行性

内乡仙鹤纸业拟在厂内二级生化处理的基础上采用人工湿地技术深度处理外排废水,进一步去除污染物,争取在2011年7月1日前,使全厂出水水质满足《制浆造纸工业水污染物排放标准》(GB 3544—2008)的有关标准要求,现已在厂区内建成一个试验示范点处理造纸废水。

人工湿地主要由人工基质填料(石、沙、土壤及煤渣等一种或多种按比例构成)和有选择性种植的水生植物组成。其处理原理即:利用系统中"基质+水生植物+微生物"的物理、化学、生物的三重协同作用,这三者相互联系,互为因果,形成一个共生系统,通过基质过滤、吸附、沉淀、离子交换、植物吸收和微生物分解来实现对污水的高效净化。

河南省新密市新鑫纸业有限公司利用荒废的低洼地建造处理量1 000 m^3/d的接触氧化-人工湿地废水处理技术对造纸废水进行深度治理,投资100万元,2006年2月竣工。经18个月湿地芦苇稳定生长后,处理后的水达到排放标准,湿地前进水COD_{Cr}与SS浓度分别为215 mg/L、95 mg/L,经湿地系统处理后,出水COD_{Cr}与SS浓度分别为70 mg/L、26 mg/L,去除率分别为67.4%与72.6%,出水可以直接回用生产或灌溉。日运行费用上,该废水治理工程电费折合0.25元/m^3,废水处理站人工费0.10元/m^3,投加药剂费0.05元/m^3,运行费用0.40元/m^3,日运行费用400元,吨水运行成本较低。中水回用量按500 m^3/d计算,回用率为50%,每天可节约用水成本500元,经济和环境效益显著。

山东滨州齐明纸业有限公司依据地处沿海滩涂湿地的地缘优势,利用芦苇湿地生态系统处理造纸污水。该方法是:废水经厂内处理后,输送至稳定塘,再经厌氧塘和兼性塘处理后用于灌溉盐碱地，创造湿地环境种植芦苇，利用芦苇湿地对废水自然降解处理，处理后的废水70%回用于生产。整个生态处理场用堤坝围起，形成独立的水系，隔断了与外围水体的联系，避免污水外排的风险。废水在苇田中被进一步降解的同时，在较强的大气蒸发和芦苇蒸腾作用下被消耗掉，甚至实现零排放。

江苏双灯纸业有限公司利用当地沿海滩涂资源优势，采用稳定塘＋芦苇湿地系统对造纸废水进行深度处理，COD_{Cr}去除率超过70%。余永东等对人工湿地处理废纸造纸生产废水进行了研究，结果表明：在进水COD_{Cr}、SS浓度分别为454.18 mg/L、369.28 mg/L时，出水浓度分别达到34.72 mg/L和21 mg/L，二者去除率分别达到92.4%和94.3%。

综上所述，相对于其他的处理方法而言，人工湿地系统处理造纸废水有如下优点：建造费用低，易于管理、维护，技术含量低，可缓冲水力和污染负荷的冲击；无需曝气般加药剂和回流污泥，也没有剩余污泥产生，因而可大量节省投资费用及运行费用；人工湿地处理后的出水水质较好，可以根据出水水质情况和用水要求进行回用或灌溉，也可用于农、林、牧、副、渔业，亦可用于娱乐业；制浆造纸企业可以在人工湿地系统中种植速生木材芦苇等造纸原料，实现林－纸一体化。因此，人工湿地不但解决了废水的出路问题，而且变废为宝，节约成本，产生一定的经济效益。

人工湿地按污水在其中的流动方式主要分为自由表面流人工湿地（FWS）和潜流式人工湿地（SFS）两种。自由表面流类型虽然投资低，操作简单，但冬季表面会结冰，夏季会滋生蚊蝇，散发臭味，并且溶解氧在其中的传输能力十分有限。潜流型人工湿地又分为水平潜流人工湿地与垂直潜流人工湿地两种，水平潜流人工湿地对BOD、COD_{Cr}、SS等污染物的去除效果好，垂直潜流人工湿地仅在硝化能力上高于水平潜流人工湿地，考虑到废水中COD与氨氮的比值，为此，建议企业建造水平潜流型人工芦苇湿地系统。图7-1为典型水平潜流型人工芦苇湿地系统工艺流程。

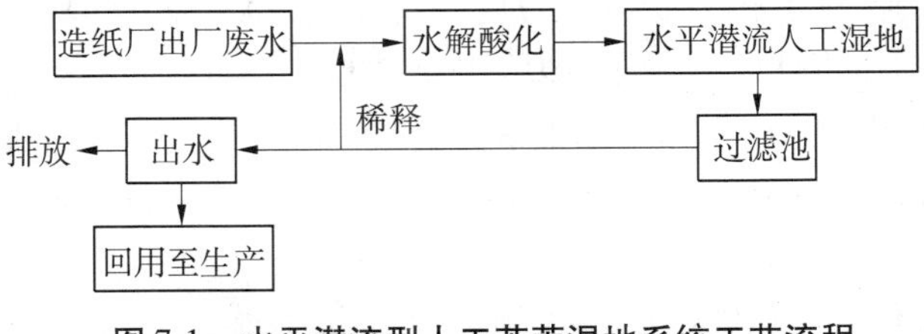

图7-1　水平潜流型人工芦苇湿地系统工艺流程

7.1.5.3　湿地系统处理效果分析

从国内现有人工湿地运行情况来看，湿地处理系统对二级生化处理过后的制浆造纸废水COD_{Cr}、SS的去除率均可达到50%以上，综合考虑内乡县的实际情况，仙鹤纸业经过厂内二级生化处理后，再经厂外湿地系统处理，出水COD_{Cr}、SS的浓度分别为70 mg/L和20 mg/L，不仅可以完全满足《制浆造纸工业水污染物排放标准》（GB 3544—2008）有关标准要求，而且可以实现废水回用。考虑企业实际生产情况，建议企业将来按照不小于20%废水进行回用，吨产品废水排放量可以控制在60 t以内。

7.1.6　治理控制水平

实施上述污水控制方案后，规划水平年仙鹤纸业清洁生产水平将达到国家一级水平，生产废水在厂内生化处理基础上再经过厂外湿地系统处理，出水 20% 得到回用，吨产品外排废水 60 t，外排废水中 COD_{Cr}、SS 的浓度分别为 70 mg/L 和 20 mg/L。据此估算规划水平年仙鹤纸业排污水平见表 7-5。

表 7-5　规划水平年仙鹤纸业污染物排放情况

时间段		废水量		COD_{Cr} 排放量	SS 排放量
		吨产品排水量（t）	总排水量（万 t）	（t）	（t）
现有工程	现状年	74.6	746	1 100	373
	规划年	60	600	420	120
	变化量	-14.6	-146	-680	-253
规划工程	12 万 t/a 生产规模	60	720	504	144
	15 万 t/a 生产规模	60	900	630	180
	18 万 t/a 生产规模	60	1 080	756	216
规划年全厂	22 万 t/a 生产规模	60	1 320	924	264
	25 万 t/a 生产规模	60	1 500	1 050	300
	28 万 t/a 生产规模	60	1 680	1 176	336
与现状年相比变化量	22 万 t/a 生产规模	-14.6	574	-176	-109
	25 万 t/a 生产规模	-14.6	754	-50	-73
	28 万 t/a 生产规模	-14.6	934	76	-37

从表 7-5 可以看出：

（1）现有工程实施污水控制方案后，规划年废水排放量比现状年减少 146 万 t，COD_{Cr}、SS 排放量分别比现状年减少了 680 t 和 253 t；

（2）规划工程如果按照 12 万 t/a 制纸规模建设，全厂制纸规模达到 22 万 t/a，规划年全厂废水排放量与现状年相比增加了 574 万 t，COD_{Cr}、SS 排放量与现状年相比分别削减了 176 t 和 109 t；

（3）规划工程如果按照 15 万 t/a 制纸规模建设，全厂制纸规模达到 25 万 t/a，规划年全厂废水排放量与现状年相比增加了 754 万 t，COD_{Cr}、SS 排放量与现状年相比分别削减了 50 t 和 73 t；

（4）规划工程如果按照 18 万 t/a 制纸规模建设，全厂制纸规模达到 28 万 t/a，规划年全厂废水排放量与现状年相比增加了 934 万 t，COD_{Cr}、SS 排放量与现状年相比分别增加 76 t 和 -37 t。

综上所述，企业规划工程规模如果按照 12 万 t/a 制纸规模建设，全厂制纸规模达到 22 万 t/a 时，规划年全厂废水污染物 COD_{Cr}、SS 排放量与现状年相比没有增加，而规划工程如按照 15 万 t/a 制纸规模建设，全厂制纸规模达到 25 万 t/a 时，规划年全厂废水污染物 COD_{Cr}、SS 排放量接近现状年排放量。考虑到仙鹤纸业废水经湿地直接入河的规划实际以及内乡县的水环境容量，建议内乡仙鹤纸业制纸规划工程规模控制在 22 万 t/a。

7.2　化肥行业水污染物治理控制

7.2.1　企业生产及产排污现状

7.2.1.1　生产现状

河南德润化工有限公司现有生产规模为 8 万 t/a 合成氨、32 万 t/a 碳铵、3 万 t/a 液氨、5 万 t/a 甲醇、3 万 t/a 高效复混肥(大颗粒碳铵)、8 000 t/a“仲尼”牌纳米改性环保型乳胶漆和 800 万条塑料编织袋,辅助材料主要有机械油、醋酸等。

7.2.1.2　产排污情况

1)清洁生产水平及产污情况

企业编织袋生产线没有废水排放,乳胶漆废水主要产生于搅拌阶段,废水排放量较少。全厂废水产污环节主要在合成氨及碳酸氢铵和甲醇产生,企业生产工艺流程见图 7-2。

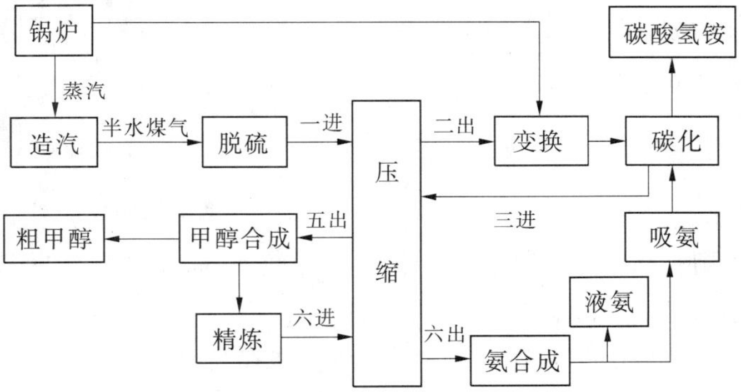

图 7-2　生产工艺流程

企业采用固定床间歇制取半水煤气,配套先进的三位一体(自动加焦、油压自动控制、蒸汽自调)控制系统,采用高效节能设备回收煤气余热副产蒸汽,采用了两水闭路循环系统,并且先后建成碳化水循环系统、脱硫水循环系统、压缩水循环系统、合成水循环系统和制气水循环系统。

合成氨生产中采用了微涡流澄清技术,实现了水闭路循环生产工艺;采用浙江大学提供的整套硫磺回收技术,对脱硫工段的脱硫液中硫化物进行熔硫回收;建设合成氨驰放气、放空气的等压吸收装置及含油废水处理设施;将压缩、合成等油水分离器排放水集中到废油渠内,设置多级废油回收,建设废油回收站。碳酸氢铵生产中采取一点注水,逐级提浓的工艺技术。甲醇生产中采用铜洗工艺。

根据监测和统计资料,企业现有工程废水产污源强为:水量 907.9 t/d,pH 值 7.0 ~ 9.0,COD_{Cr}≤150 mg/L,SS≤250 mg/L,NH_3-N≤200 mg/L。

2)终端治理措施及排污情况

厂内配有 40 m^3/h 废水处理工程,没有达到《河南省化肥(化工)行业水污染治理技术规范的要求》中有关合成氨生产能力 4 万 ~8 万 t/a 的企业终端废水处理设施处理规模必须达到50 m^3/h。处理脱盐水站、碳化循环水池、合成循环水池、造气循环水池和锅炉循环水池的排放污水，采用 A^2/O 工艺，工艺流程见图7-3。该工艺设计出水水质为：pH值6.0～9.0，COD_{Cr}≤60 mg/L，SS≤100 mg/L，NH_3-N≤15 mg/L。

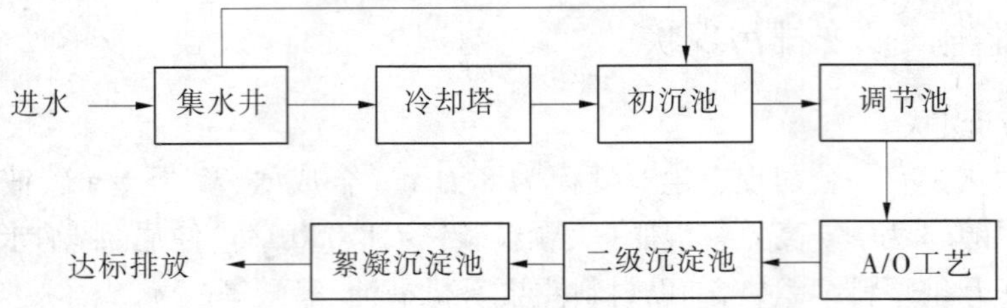

图7-3 终端治理工艺流程图

根据2008年内乡县环境监测站监测报告，企业废水经过上述工艺处理后 COD_{Cr} 浓度为92.4 mg/L，NH_3-N 浓度为11.7 mg/L，其中 COD_{Cr} 未达到河南省地方标准《合成氨工业水污染物排放标准》（DB 41/538—2008）。2008年企业污水排放量为30.87万t，COD_{Cr} 和 NH_3-N 排放量分别为28.52 t和4.63 t，全厂废水经总排放口排入牡珠沟河，300 m后汇入湍河，至邓州市境内入白河。

7.2.2 企业水污染物治理控制方案

7.2.2.1 治理控制原则与要求

（1）保持现有规模不变，严格执行国家、省产业政策，采用先进工艺技术，淘汰落后的生产工艺和技术及设备，降低能耗、物耗，提高产品档次。

（2）在生产过程中实行严格的清洁生产措施，并在技术改造中贯彻氮肥行业清洁生产技术政策，全过程控制污染物排放。

（3）在实施严格过程控制基础上，采取可行的末端处理措施，保证废水达标排放。

7.2.2.2 清洁生产措施

鉴于区域水环境现状，该企业应从严控制水污染物排放，清洁生产水平必须达到《清洁生产标准氮肥制造业》（HJ/T 188—2006）一级标准要求，依据《清洁生产标准氮肥制造业》（HJ/T 188—2006）要求，企业可以从以下几方面来采取措施达到清洁生产一级水平：逐步淘汰落后的生产设备和工艺；原料气制备实现加压连续气化DCS控制；原料气净化中CO变换、脱硫、CO_2 脱除、精制实现DCS控制；原料气压缩采用蒸汽驱动透平式压缩机；氨合成系统中氨合成压力≤15.0 MPa，建设设备冷却水系统旁滤设施；甲醇生产中以甲烷化工工艺代替铜洗；建设甲醇精馏残液收集池，增加输送泵，将精馏残液送往造气炉的夹套，产生水蒸气送入造气炉焚烧，不得作为补充水排入设备冷却循环水系统；另外可将两塔精馏改为三塔精馏，减少精馏残液的产生量；配套建设事故排水收集池，在生产装置出现事故性停车或生产装置大修时，装置内的液体及设备冲洗水必须排入事故收集池，待再次开车时进行回收利用或者进行处理，不得直接排放。

达到一级清洁生产水平时，企业含氨废水回收率达到98%，废水量≤10.0 m^3/t 氨，氨氮≤0.6 kg/t 氨，COD_{Cr}≤1.5 kg/t 氨。

7.2.2.3 末端治理措施

化肥厂废水中的主要超标污染物指标为氨氮、硫化物、总氰化物，水质具有氨氮含量高并含有有毒的总氰化物及硫化物的特点，且此类污水的可生化性较差（主要是化学需氧量较低和氨氮含量较高），用一般的生物处理方法很难处理。目前常用的方法主要有以下几种。

1）化学沉淀法

化学沉淀法生成磷酸氨镁沉淀，废水中的氨氮去除率高达95%以上，达到预处理目的，为后续生化处理奠定了基础。生成的磷酸氨镁沉淀物溶解、释放速度慢，农作物利用率高，对环境污染小，是一种很有价值的缓释肥，肥料的开发利用可以大大降低废水处理费用，具有较高的经济价值。

2）电－多相催化技术

电－多相催化技术在处理难降解有机工业废水中有着显著的优点。应用电－多相催化法的关键是针对要处理的废水，研制出高效的催化剂，装入塔式或槽式的固定床反应器中，用配置好的电极施加电压。一方面，电场起激活催化剂的作用；另一方面，产生活性很高的羟基自由基，使得难降解的有机物分子降解或者矿化。在常温常压下，难降解有机工业废水通过电－多相催化反应器，就能达到COD_{Cr}减少、色度降低的效果。

该方法已在恒昌化肥厂（集化肥工业、热电、精细化工为一体的综合性国家大型企业）投入运行，该厂的排污量大，达到9 600 m^3/d，经采用该方法的工业化规模装置处理后，出水水质符合工业水污染排放标准三级标准要求，可进行回用。

3）电渗析法

在化肥厂工业废水处理中，电渗析从技术上和经济上都是可行的。另外，随着企业的发展，用水量越来越大，用电渗析处理循环冷却排污水，进一步提高水的复用率，是一种非常经济实用的办法。

该方法已有化肥厂采用，电渗析处理化肥废水的成本取决于一次性投资和运行费用，而运行费用的大部分是电费。能否用电渗析处理化肥废水，除了技术上可行外，在很大程度上取决于化肥废水浓缩时的电能利用率，运行费用低，单位时间内膜面积的盐迁移量大，一次性投资小。

4）沉淀气浮法

用气浮法可以回收所生成的氨氮沉淀物，最重要的影响因素是气浮剂的添加量，pH值也影响沉淀物的可浮性，但通过改变气浮剂的添加量可以减少其影响，气浮回收率很容易达到90%以上。与沉淀法相比，气浮法具有气浮时间短、操作方便、泡沫产品浓度高等优点，该方法为废水中氨氮的有效回收和综合利用提供了一条新的途径。

5）曝气生物滤池

曝气生物滤池（Biological Aerated Filter，简称BAF），是20世纪80年代末在欧美发展起来的一种新型生物膜法污水处理工艺。该工艺具有去除SS、COD_{Cr}、BOD、硝化、脱氮、除磷、去除AOX（有害物质）的作用，其特点是集生物氧化和截留悬浮固体于一体，节省了后续沉淀池（二级沉淀池），其容积负荷、水力负荷大，水力停留时间短，所需基建投资少，出水水质好，运行能耗低，运行费用低。

目前，德润化工采用的水处理工艺，对 COD_{Cr}、氨氮和 SS 去除效果较差，建议企业根据实际情况，从上述方法中选择切实可行的废水处理措施，使污水达标排放，满足河南省地方标准《合成氨工业水污染物排放标准》（DB 41/538—2008）。2010 年 12 月 30 日达到：排水量≤10 m^3/t 氨，pH 值 6.0～9.0，COD_{Cr}≤70 mg/L，SS≤500 mg/L，NH_3－N≤25 mg/L。2011 年 1 月 1 日起达到：排水量≤10 m^3/t 氨，pH 值 6.0～9.0，COD_{Cr}≤50 mg/L，SS≤50 mg/L，NH_3－N≤15 mg/L。

考虑到化肥厂废水氨氮含量高，而仙鹤纸业即将筹建的湿地处理系统富含碳源而缺氮源的情况，建议当地政府采取适当的协调机制，使化肥厂的小部分废水进入湿地系统，减少氨氮排入水体。

7.2.3 治理控制水平

规划年化肥厂通过过程控制和末端治理，清洁生产水平达到国家一级水平，出水水质满足河南省地方标准《合成氨工业水污染物排放标准》（DB 41/538—2008）要求，治理前后污染物排放情况见表 7-6。

表 7-6 德润化工治理前后排污量对比一览

时段	规模（万 t/a）	污水排放量（万 t/a）	COD_{Cr}		NH_3－N	
			浓度（mg/L）	排放量（t/a）	浓度（mg/L）	排放量（t/a）
治理前	8	30.87	92.4	28.52	15	4.63
治理后	8	27.20	50	13.6	15	4.08
变化量	0	－3.67	－42.4	－14.92	0	－0.55

从表 7-6 可以看出，在保持现有规模的情况下，通过严格的过程控制，化肥厂排污水量由 30.87 万 t/a 减至 27.2 万 t/a；采取切实可行的末端治理措施，COD_{Cr}和 NH_3－N 达标排放，排放量由治理前的 28.52 t/a 和 4.63 t/a 削减至 13.6 t/a 和 4.08 t/a，削减量分别为 14.92 t/a 和 0.55 t/a。考虑当地水环境容量及化肥厂在当地有一定的存在价值，建议其保持现有规模，做到达标排放。

7.3 规模养殖水污染物控制

7.3.1 生产状况及产排污现状

7.3.1.1 生产现状

河南省内乡县牧原养殖有限公司现有 12 个现代化大型养猪场、1 个年产 30 万 t 的大型饲料厂，养殖规模为 115 050 头（存栏量），其中分场主要分布在马山口镇（第一、三、五、六、七、八、十分场）、灌涨镇（第二、四、十一、十二分场）和王店镇（第九分场），包括育肥猪场、育种猪场等。各场规模见表 7-7。

表 7-7　牧原养殖有限公司各养殖场规模

序号	分场	存栏量(头)	分布乡镇
1	河西一场	3 100	马山口
2	水田二场	17 500	灌涨
3	河西三场	11 000	马山口
4	岗头四场	11 000	灌涨
5	老庄五场	5 200	马山口
6	樊岗六场	9 200	马山口
7	马坪一区	2 850	马山口
8	马坪二区	7 200	马山口
9	宋沟九场	11 000	王店
10	邢岗十场	12 500	马山口
11	杨洼十一场	7 500	灌涨
12	李营十二场	17 000	灌涨

7.3.1.2　产排污情况

1)清洁生产水平及产污情况

牧原公司采用先进的育种技术,根据猪的不同性别、年龄段、基因型,按照猪的不同营养需求每天一个配方,并且实现了母猪场、育肥猪场分开饲养。采用“猪—沼—农”的生态养猪模式,目前采用水泡粪工艺,2008 年企业废污水排放量为 43.8 万 t。

2)终端治理措施及排污情况

牧原公司现采用水泡粪工艺,缺乏系统的、与规模相匹配的终端处理措施,经厌氧发酵处理后出水沼液浇灌林地等,沼气发电或供伙房做饭。沼液中 COD_{Cr} 浓度为 2 000 mg/L,NH_3-N 浓度为 500～700 mg/L。该处理措施一方面受到林地资源面积的限制,长期浇灌对当地的土地、树木等造成危害并产生恶臭等影响;另一方面雨季时随雨水进入河道,造成污染。

7.3.2　企业水污染物治理控制方案

7.3.2.1　治理控制原则与要求

(1)综合利用、减量化、资源化、无害化和运行费用低廉化的原则,达到全面解决畜禽污染,并促使达到农牧业、环境建设协调发展的目的。

(2)要按照农牧结合、综合利用优先的原则合理规划,实现养猪粪污全部还田;根据地区土地对畜禽粪便的消纳能力,确定新建养猪场的养殖规模,严格限制大型养殖场的建设。

(3)对养猪粪污实施全过程控制,为实施资源化利用和提高处理效果创造条件。

(4)新立项的规模化养殖场要进行环境影响评价,要有“三同时”措施;对已建的养殖场要按总量控制原则,根据环境功能区划,有计划、有步骤地分批整治、限制治理;对建设在敏感区内的养殖场要坚决搬迁、关闭。

(5)对养猪粪污的管理要纳入总量控制目标中,实施畜禽污染物排污申报登记制度和排污许可证制度。

(6)切实做到污染物零排放。

7.3.2.2 清洁生产措施

为减少废水污染物末端处理的负担，提高水资源利用率，区域规模养殖应采取以下清洁生产措施。

(1)采取科学的喂养方式，以可消化氨基酸需要量为依据设计畜禽饲料配方，在饲料中添加饲用酶制剂、合成的氨基酸等减少猪排泄物中磷、氮等的含量，减轻对环境的污染。

(2)采用畜禽乳头式饮水器减少污水产生量。

(3)严格依照《畜禽养殖业污染防治技术规范》，逐步淘汰水泡粪工艺，采用干清粪工艺，减少冲洗用水和冲洗废水中污染物含量，降低固态粪含水量，减少营养损失，以每存栏百头计，干清粪工艺的规模化猪场最高允许排水量，冬季为 1.2 m^3/d、夏季为 1.8 m^3/d，则产污水量为 1 380.6 ~2 070.9 m^3/d。

(4)依据《畜禽粪便无害化处理技术规范》，处理场分别设置液体和固体废弃物储存设施，畜禽粪便储存设施位置必须距离地表水体400 m 以上，并且设置明显标志和围栏等防护措施；固体粪便储存设施其最小容积为储存期内粪便产生总量和垫料体积总和，液体粪便储存设施最小容积为储存期内粪便产生量和储存期内污水排放量总和，同时必须考虑储存期内降水量，在能够满足最小容量的前提下将深度或高度增加 0.5 m 以上。对储存设施场地采取地面硬化、设置顶盖并严格管理和维护，防止畜禽粪便溢流、渗漏、雨水淋失等对环境产生影响。

7.3.2.3 末端治理措施

养猪场废水主要由尿液、残余的粪便、饲料残渣及冲洗水等组成，其中冲洗水占了绝大部分。在实施全过程污染控制基础上，废水污染物产污源强见表 7-8。

表 7-8 养猪场废水污染物产污源强

污染因子	COD_{Cr}	BOD_5	SS	NH_3-N	T－N
浓度(mg/L)	10 000	6 500	4 000	830	1 100

国内外对规模化养猪场废水的处理方法主要有还田利用、自然生物处理方法、工业化处理方法。

1)还田利用

畜禽粪便污水还田作肥料为传统而经济有效的处置方法，可使畜禽粪尿不排向外界环境，达到污染物零排放。既可有效处置污染物，又能将其中有用的营养成分循环于土壤植物生态系统中。该模式适用于远离城市、土地宽广且有足够农田消纳粪便污水的经济落后地区，特别是种植常年需施肥作物的地区，要求养殖场规模较小。其存在的主要问题：一是需要大量土地利用粪便污水，每万头猪场至少需 7 hm^2 土地消纳粪便污水，故其受条件所限而适应性弱；二是雨季及非用肥季节必须考虑粪便污水或沼液的出路；三是存在着传播畜禽疾病和人畜共患病的危险；四是不合理的施用方式或连续过量施用会导致 NO_3^-、P 及重金属沉积，成为地表水和地下水污染源之一；五是恶臭以及降解过程所产生的氨、硫化氢等有害气体释放对大气环境构成污染威胁。

还田利用模式在欧美国家和日本广泛应用，我国上海市在治理畜禽养殖污染过程中，经过近10年的达标治理实践，又回到还田利用的综合处理模式中。将畜禽养殖废水厌氧消化后再还田利用，可避免有机物浓度过高而引起的作物烂根和烧苗，同时经过厌氧发酵可回收能源CH_4，减少温室气体排放，且能杀灭部分寄生虫卵和病原微生物。

2）自然生物处理方法

自然生物处理法主要有水体净化法和土壤净化法两类。属于前者的有氧化塘（好氧塘、兼性塘、厌氧塘）和养殖塘；属于后者的有土地处理（慢速渗滤、快速渗滤、地面漫流）和人工湿地。

自然生物处理方法适用于距城市较远，气温较高且土地宽广有滩涂、荒地、林地或低洼地可做污水自然处理系统、经济欠发达的地区，要求养殖场规模中等。自然处理模式的主要优点：一是投资少，能耗少，运行管理费用低；二是污泥量少，不需要复杂的污泥处理系统；三是厌氧处理系统建于地下，基本无臭味；四是便于管理，对周围环境影响小且无噪音；五是可回收能源CH_4。其主要缺点：一是土地占用量大；二是处理效果易受季节温度变化的影响；三是建于地下的厌氧系统出泥困难，且维修不便；四是有污染地下水的可能。该模式在美国、澳大利亚和东南亚一些国家应用较多。我国南方地区如江西、福建和广东省也多应用自然处理模式，但大多采用厌氧预处理后再进入氧化塘进行处理。根据墨西哥68处共135个中试和生产规模的湿地处理系统约1 300个运行数据，湿地处理养殖废水平均去除效率为生化需氧量（BOD_5）65%，总悬浮物53%，NH_3-N48%，总N42%，总P42%。

3）工业化处理方法

工业化处理方法包括厌氧处理、好氧处理以及厌氧—好氧处理等不同处理组合系统。对那些地处经济发达的大城市近郊，土地紧张且无足够农田消纳粪便污水或进行自然处理的规模较大的养殖场，采用工业化处理模式净化处理畜禽粪便污水为宜。

工业化处理模式主要优点：一是占地少；二是适应性广，不受地理位置限制；三是受季节温度变化的影响较小。其主要缺点：一是投资大，每万头猪场粪便污水处理投资为120万~150万元；二是能耗高，每处理1 m^3污水耗电2~4 kWh；三是运转费高，每处理1 m^3污水需运转费2.0元左右；四是机械设备多，维护管理量大；五是需专门技术人员管理。韩国、意大利和西班牙等国少部分养殖场应用该模式处理粪便污水。

7.3.3　区域养猪场废水治理措施

根据上述规模养殖方案的优缺点及区域实际情况，建议区域规模化养猪场采取还田利用模式来处理养猪场废水，实现废水污染物零排放。具体工艺方案如下：

（1）严格控制生产规模，原则上保持现有生产规模不变。

（2）采取“雨污分离、干湿分离、粪尿分离”等手段，严格控制粪水产生，干粪便、养猪废水、雨水等要实现清污分流，分开处理。

雨污分离：在养猪场规划设计及建设施工时，将雨水与生猪排泄物、冲洗圈舍的排放管（沟）道分设，各归其道。雨水通过沟渠直接排放到自然溪沟，进入河流。粪尿及冲洗液经粪沟或专用管道输入治污系统。

干湿分离：每栋圈舍设排粪沟（包括外排和内排），出口设栅栏过滤。干粪在圈舍内或排粪沟收取，经排粪通道送至干粪处理池。干粪池上能遮雨，池内不渗漏；每个场不得少于两个，交替使用；每个干粪池的容量以其养殖规模而定，不得少于一个月的干粪储存量。

提倡高床养猪，以利于粪、尿、污水分开。

(3)集中建设有机肥生产厂。集中建设有机肥生产厂，收集各个分场的固粪，将畜禽干粪经粉碎、搅拌，加入生物菌发酵，烘干、造粒加工，达到《有机肥料》(NY 525—2002)要求，生产成便于运输、储存的系列优质高品位肥料。

(4)在各养殖场建设处理设施。猪场污水采用厌氧处理方案，经过厌氧发酵无害化处理后，出水COD_{Cr}浓度≤300 mg/L，NH_3-N浓度≤30 mg/L，满足《农田灌溉水质标准》(GB 5084—2005)。

(5)集中收集各分厂沼气，建设沼气发电厂，实现资源回收利用。规模养殖废水处理沼气产生量比较大，建议区域建设沼气发电厂，收集各分厂污水处理设施产生的沼气，实现资源回收利用。

(6)施肥季节，沼液喷灌还田，非施肥季节，建设田间暂时储存池。大量试验说明，沼肥是一种优质、全效的液体有机肥料，结合当地土壤贫瘠的实际，沼肥有两个处理去向：一是在农耕施肥季节，沼肥直接输送(管道、车辆)到果园、苗圃、农田等施肥用地，作为液态有机肥使用；二是在非农耕施肥季节，沼肥进入有机肥生产区，与畜禽粪便混合后加入50%左右的作物秸秆、稻壳等，加工成固体有机肥储存销售。在实施上述措施基础上，非施肥季节，仍有约1 035.5 m^3/d的沼肥需要处理(沼液量的50%加秸秆制作固体肥料)。应在田间建简易储存池，储存池最小容量不能小于当地农业生产使用间隔最长时期内养殖场粪便产生总量。据统计，非施肥季节间隔时间最长三个月，期间产沼量为3 105.9 m^3/d，考虑安全系数1.2，则为3 727.1 m^3/d，当地属丘陵，建议储存池深10～15 m，并采取有效的防渗和防恶臭等处理措施。

区域畜禽养殖粪污综合治理工艺流程见图7-4。

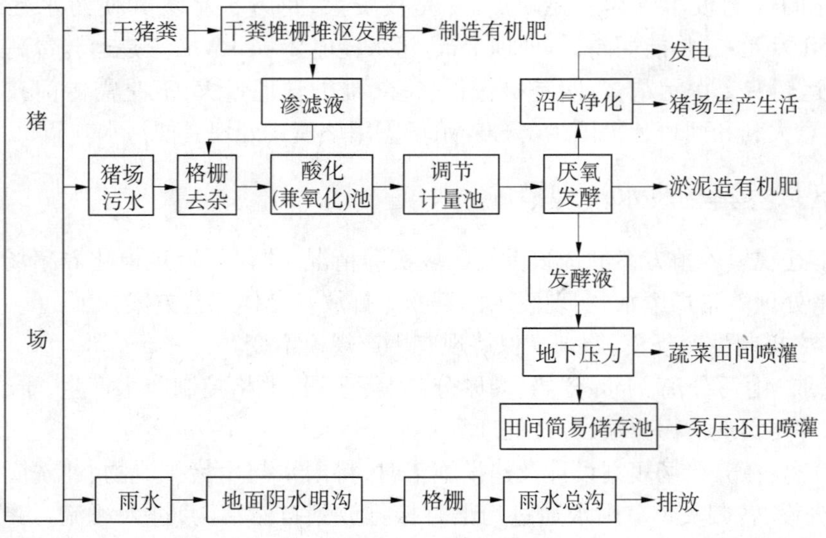

图7-4　区域畜禽养殖粪污综合治理工艺流程

7.3.4 治理控制水平

采取上述治理措施后,区域规模养殖可以实现废水污染物零排放。

7.4 县城生活污水治理控制

7.4.1 县城生活污水处理现状及存在的问题

内乡县现有污水处理厂日处理能力为1.5万t,采用改良型A^2/O工艺,实际日处理水量为1.4万t。收水范围为:东至湍河西岸,西至环西大街,南至黄水河北岸,北至312国道,面积9.5 km^2。进入污水处理厂的废水除居民生活污水外,还有一定量工业废水、服务行业废水及雨水,工业废水与生活污水的比例为1.26:1。废水日处理负荷为93%~97%,COD_{Cr}进水浓度为330 mg/L,NH_3-N浓度为30 mg/L,出水COD_{Cr}浓度为45 mg/L,NH_3-N浓度为7.5 mg/L。

现在生活污水处理存在的问题主要有管网配套不完善,雨污不分流等。

7.4.2 县城污水处理厂发展规划

内乡县污水处理厂二期1.5万t/d项目正处于建设中,3万t/d的湍东污水处理厂将在2020年前建成投产使用,主要用于湍东工业集聚区的生活污水和工业废水处理。规划至2025年,城区污水收集率将达100%,湍西污水处理厂规模为5.0万m^3/d,湍东污水处理厂规模为9.0万m^3/d。

7.4.3 治理控制方案

7.4.3.1 加快污水管网建设,提高收水率

政府应把配套管网的建设提到与污水处理厂并重甚至先行的地位,建立统一协调的污水处理系统建设。调查排污系统的现状,搜集排污基础档案资料,尽快将配套管网建设提上日程。根据河南省相关规定,近期目标(2010年)县城生活污水集中处理率应达到70%,而远期目标(2020年)则应达到90%。建议可尝试用"标准段"模式进行设计和招投标。"标准段"即取4~5个有代表性的管段组成标准段进行设计,形成标准段图集。图集中应囊括各种管径、埋深、各种检查井及基础,基本适用于各个住宅小区、排污单位的内部排污改造,施工前只需对每个小区排污平面布置图重新设计即可,我国台州市老城区在排污改造中就使用了这一方法,大大节省了设计阶段和招投标阶段的时间和资金,为两年内实现污水收集率达80%以上的目标作出了贡献。

7.4.3.2 从严控制水污染排放,污水处理厂出水要达到(GB 18918—2002)一级A标准

内乡县污水处理厂现有工程采用改良型A^2/O工艺处理城镇生活污水,出水COD_{Cr}浓度和氨氮浓度分别为45 mg/L和7.5 mg/L,部分指标已达到《城镇污水处理厂污染物排放标准》(GB 18918—2002)一级A标准。建议污水处理厂通过优化工艺等改造措施,并增加脱磷脱氮实施,实现出水水质完全满足《城镇污水处理厂污染物排放标准》

(GB 18918—2002)一级 A 标准。

规划新建的城市污水处理厂和湍东污水处理厂都应该采用先进可靠的工艺,保证出水达到《城镇污水处理厂污染物排放标准》(GB 18918—2002)一级 A 标准。

7.4.3.3　中水回用

结合内乡县实际情况,近期可在湍东污水处理厂实施中水回用。表 7-9 为《城镇污水处理厂污染物排放标准》(GB 18918—2002)一级 A 排放标准与循环冷却水的再生水水质要求对比。

表 7-9　污水处理厂出水水质与再生水用做循环冷却水系统补充水水质比较

基本控制项目(mg/L)	一级 A 标准	中水用做工业用水循环冷却水系统补充水水质标准
化学需氧量(COD_{Cr})	50	60
生化需氧量(BOD)	10	10
悬浮物(SS)	10	—
氨氮(以 N 计)	5	10
总磷	0.5	1

从表 7-9 可以看出,城市污水处理厂的出水若达到 GB 18918—2002 一级 A 排放标准,其水质基本可以满足《城市污水再生利用工业用水水质》(GB/T 19923—2005)中关于再生水用做工业用水循环冷却水系统补充水水质标准。

国内中水处理基本工艺有:消毒、砂过滤 + 消毒、混凝 + 沉淀(澄清、气浮)+ 砂过滤 + 消毒、微孔过滤 + 消毒。1992 年大连建成了我国第一个污水回用示范工程,它将城市污水处理厂出水经深度处理后回用做循环冷却补充水。1993 年大连工业水价为 0.6 元/t,而经三级处理后的城市污水处理厂的出水售价仅为 0.3 元/t,中水回用产生了显著的环境效益和经济效益。内乡县可考虑区域实际情况,采取合理的中水处理工艺,将湍东污水处理厂出水处理后用于工业集聚区的循环冷却水。除此之外,还可积极发展再生水在农业灌溉、绿地浇灌、城市杂用、生态恢复等方面的利用,对不能纳入城市污水收集系统的居民区、旅游风景点、度假村、疗养院、机场、铁路车站、经济开发小区等分散的人群聚居地排放的污水和独立工矿区的工业废水,应进行就地处理达标排放,并且鼓励建设中水利用设施,提倡各类规模的污水处理设施按照经济和卫生安全的原则,实行污水再生利用。到 2020 年,城市中水回用规模应达到 40% 以上。

7.4.4　治理控制水平

采取上述治理控制措施后,规划年内乡县污水处理厂排水水质达到 GB 18918—2002 一级 A 排放标准,并实现 40% 以上的中水回用。规划实施后城市污水污染源排放情况见表 7-10。

表 7-10　规划年城市废水污染源排放情况

污染源排放量	现状年①	2020 年②(40% 中水回用)	变化量
废水量(万 t/a)	408.80	1 101.60	692.80

续表 7-10

污染源排放量	现状年①	2020 年②(40% 中水回用)	变化量
COD_{Cr}排放(t/a)	1 349.01	495.72	-853.29
氨氮排放(t/a)	122.64	55.08	-67.56

注:①现状年排放量不只考虑污水处理厂的排放量,还考虑了没收进的生活污水的量,这部分生活废水浓度按现有污水处理厂进水浓度计算。

②规划年城市生活污水收水率按 90% 考虑。2020 年污水处理规模是城市污水处理厂 3 万 t/a,湍东也是 3 万 t/a。

7.5　乡镇生活污水治理控制

区域乡镇及农村生活污水均通过分散方式排入附近河流汇入湍河,加强乡镇生活污水的收集及处理,改变乡镇生活污水无组织排放现状,是改善生态环境,完成污染物总量减排任务和实现湍河水质目标的重要举措。

7.5.1　乡镇生活污水现状

乡镇管网建设非常不健全,没有系统的排水渠道及排污系统。生活污水污染源主要来源于乡镇居民环境保护意识不强,生产生活污水随意排放,而且生活垃圾等无组织丢弃,下雨时也产生一定量的废水。污水成分十分复杂,各种污染成分浓度较低,波动性很大,难以正确评估生活污水的污染负荷及其昼夜、季节性变化,因此造成河流遭到污染并且严重威胁到地下水源。

7.5.2　治理控制措施

(1)完善乡镇污水收集系统。结合乡镇的道路建设逐步完善乡镇排水系统,鼓励采用雨污分流排水体制,条件不具备的,可采用雨污合流排水方式,但应考虑逐步实现分流。

优化乡镇城市及企业的排污管道,并且排水管道、沟渠应经常清理,防止生活垃圾、污泥淤积堵塞,保持排水顺畅,一般清掏周期为一年一次。

(2)采用“集中处理与分散处理”相结合的污水处理模式。对于靠近乡镇的村庄,远期可能规划建设污水处理设施的乡镇,优先考虑将村庄生活污水纳入乡镇污水处理设施统一处理;对不具备接入乡镇污水收集处理系统条件的村庄,因地制宜对生活污水采取分散式处理。

(3)结合各个乡镇当地实际情况处理生活污水。乡镇可以采取因地制宜的方法确定所采用的工艺流程,闲置土地大部分为洼地、丘陵地区的,建议使用人工湿地系统。人工湿地运行简单,处理效果良好,管理费用低,技术成熟,不仅能有效去除 COD_{Cr}、BOD 等有机物,而且有较强的除磷脱氮效果,实为乡镇处理生活污水工艺流程的首选;若因土地制约问题,则可以选择建造小型污水处理厂,将乡镇居民所产生的生活污水集中处理,工艺则可以选择 SBR、CASS、A^2/O 等技术成熟的工艺流程,然后达标后统一排放。

7.6 分散养殖污染治理控制

7.6.1 分散养殖现状

内乡县分散养殖主要是农村农户家庭分散养殖，根据内乡县环保局提供的2008年全县各乡镇畜禽养殖数据，内乡县共有家禽662 064只、羊95 585头、生猪96 717头、牛4 308头，折合成猪164 831头，污水排放量为60.16万t/a，COD_{Cr}为3 008.17 t/a，NH_3-N为601.63 t/a。

7.6.2 治理控制措施

结合社会主义新农村建设，对分散养殖户实施“四改一气”工程。

修建沼气池，沼气池工艺简单，成本低（一户约需费用一千元左右），运行费用基本为零，适合于农民家庭采用。而且，结合农村改路、改灶、改厕和改圈，可将猪舍污水和生活污水在沼气池中进行厌氧发酵后作为农田肥料，沼液经管网收集后，集中净化，出水水质达到国家标准后排放。沼气池处理技术已在我国一些地方得到了有效地推广和使用。浙江省有352个村实施了生活净化沼气工程，累计建成沼气池8 313万m^3，年处理生活污水8 170万t，年产沼气4 295万m^3，年可替代标准煤近3万t。四川省结合新农村建设，开展“乡村清洁工程”，以户或联户为单元，建设沼气池和生活污水厌氧净化池，有效解决人畜粪便、生活污水、垃圾污染等农村环境难题，出现家园清洁和村容整洁的新面貌。政府可以推行鼓励性政策，对于建造小型厌氧沼气池给予一定的奖励或者减免一定的费用，达到在农村普及小型厌氧沼气池的效果。

小型养殖场、散养户畜禽粪便日产量降低，统一收集、集中处理会出现成本过高，而养殖户收益较低，无法承受这份成本压力。结合社会主义新农村建设，对分散养殖户实施“四改一气”工程，修建沼气池，政府对实施“四改一气”项目的农户给予一定物资的帮助，提高农民的积极性，发展庭院经济，联系养殖与种植，产生的沼气燃气用于农民家庭（沼气灶、沼气热水器、沼气饭煲、沼气灯照明）。

农村生活污水和分散养殖污水统一结合“四改一气”工程，实现废水零排放和综合利用，分散养殖规模不再予以扩大。

7.6.3 治理控制水平

采用该处理措施后废水用于农田灌溉，废水污染物实现零排放。

7.7 农业面源治理控制

农业面源污染是指在农业生产活动中，氮、磷等营养元素和农药以及其他有机或无机污染物质等从非特定的地点，在降水冲刷作用下，通过径流过程而汇入水体，并引起水体富营养化或其他形式的污染。在农业面源污染的诸多成因中，化学肥料、化学农药、畜禽粪便及水土流失是造成污染的四项重要因子。其污染的主要表现形式为:化学肥料、畜禽粪便以氮、磷等富营养形式污染水体;化学农药和部分肥料等以有机磷、有机氯、重金属等毒害形式污染水体。

7.7.1 治理控制原则与要求

构建科学、合理的综合性农业面源污染防治体系,是控制农业面源污染防治工作的关键。农业面源污染控制工作,迫切需要寻求合理的控制措施,保障农民在面源污染控制工作中的经济收益,提高农业生产者环境保护意识和主动参与农业生产污染控制积极性,创造良好的社会环境保护、安全生产、清洁生产大氛围,促进先进的农业生产科学技术转化为现实生产力,并通过有针对性的污染控制技术、管理措施实施,实现对农业面源污染有效控制。

7.7.2 治理控制措施

7.7.2.1 化学肥料

化学肥料污染控制重点在于化学肥料施用量和施用操作中。

1)政府行政管制规划化学肥料施用生态敏感区和可种植区

对不同地区化肥施用污染水平进行划分,在此基础上规划对化肥施用生态敏感区和可种植区。对生态敏感区(如城市饮用水源地周围、水源涵养地、大江大河源头等)肥料的可施用种类、施肥结构、施肥数量等进行明确规定,以政府命令性质发布,通过政府直接管制规范农业生产行为,对生产者造成的经济损失实行对价补偿(即补偿金额等于生产者由于参与污染控制工作减少的净收益)或给予奖励;对造成污染行为的单位或个人则进行一定的处罚,如标准不等的罚款;对造成较大污染影响的单位或个人要追究其法律责任。对于可种植区加强替代型施肥技术、替代肥料支持等安全生产建设控制化肥污染。

2)支持替代性施肥技术

由政府或农技服务部门牵线免费为当地生产者介绍替代型施肥技术并提供相应的免费技术咨询服务。平衡施肥、配方施肥、化肥深施技术等是近几年为调整施肥结构、提高肥料利用率研究出来的新型施肥技术,具有施肥针对性强、肥料利用率高、不易流失等优点。在粮食主产区和水域河网区推广替代型施肥技术可以在针对性施肥基础上,通过调整地区施肥结构、施肥量,提高化肥利用效率的同时降低流失量,减少对环境的污染,控制化肥,尤其是氮肥污染问题。

3)支持替代肥料生产、输入

化学肥料,尤其是氮肥,如碳酸氢铵、尿素等,肥效速度快是造成其利用率不高,易流失的另一个原因。针对这个问题,以肥效释放相对较慢的控释肥、缓效肥、有机肥、复混肥、微生物肥等代替传统化肥输入农田系统是农业面源污染化肥污染控制的另一条途径。

7.7.2.2 化学农药

化学农药污染特点主要表现在使用量大、有效利用率低,高毒、高残留农药有一定的使用量和使用面积,因此面源污染控制重点在于提高农药利用率,降低高毒、高残留农药使用量和使用面积上。具体控制途径如下。

1)政府行政管制规划农药适宜使用区和敏感使用区

按作用物不同,农药可分为杀菌剂、杀虫剂、除草剂和种子处理剂四类。针对范围不同,适宜使用区不同,如菊酯类杀虫剂农药,虽然具有高效、低毒、对人和环境生物安全等优点,但由于它对水生生物毒性较大,因此在河网水域区,尤其是水田中应禁止使用;呋喃丹种子包衣剂对鸟类具有一定的危害性,为保护鸟类,一些保护区及其周围地区应禁止使用。

2)利用农产品市场价格调节反馈规范农业生产活动中农药的使用

同利用上市农产品价格机制反馈规范农业生产化肥施用补偿途径相同,上市农产品价格机制同时可以反馈规范农业生产农药安全生产。在农产品上市前通过快速测定,不同农药残留量对应农产品不同的市场价格,低残留优价,高残留低价,严重者不予进入市场资格,通过与直接经济收益挂钩约束农业生产者选用低毒、低残留的农药,控制农药污染。

7.7.2.3 畜禽粪便

养殖业中造成严重污染的畜禽粪便具有很高的循环经济价值。由于循环利用水平低,而无害化处理又需要投入一定的成本,导致养殖业主不愿意对畜禽粪便进行无害化处理,选择随地排放、露天堆积等方式逃避畜禽粪便污染控制成本,导致粪便污染环境现象发生。针对存在问题,农业面源污染畜禽粪便控制可以从以下几个方面实施。

1)根据地区特点规划畜禽禁养区和生态养殖区

根据当地地理环境形势、生态条件、畜禽养殖业发展特点在国家规定基础上对当地畜禽禁养区、养殖区进行规划,并限期将禁养区内的规模化养殖户通过养殖场建设征地优先选择权、养殖场建设资金补偿、再生产优惠贷款支持、畜禽粪便无害化设备免税等多种补偿途径转移到生态养殖区中,并在生态养殖区内对所有养殖户实行统一管理,统一操作,从源头对畜禽粪便完成循环再利用、无害化等处理,在遏制畜禽粪便对环境污染的同时,提高资源再利用率。

2)支持大中型畜禽生态养殖场及畜禽粪便无害化处理设施建设

规模化养殖场具有畜禽粪便日排放量高、易于集中,便于管理的特点。地方政府鼓励个人、养殖户组合、养殖户协会等个人或单位通过政府出资为养殖户购买建设用地、资助部分建设资金、畜禽粪便无害化处理设备免税、低息或无息贷款等途径支持地区大中型规模化生态养殖场建设,对畜禽粪便实行集中收集、统一管理,当日粪便当日(春夏秋三季)或集合几日(冬日)无害化处理、资源性利用,降低对环境污染。

3)对小型养殖场、散养户提供粪便无害化处理技术支持

小型养殖场、散养户畜禽粪便日产量较低,统一收集、集中处理会出现成本过高,而养殖户收益较低,无法承受这份成本压力。地方政府可为小型养殖场、散养户提供粪便干湿分离技术、设备,沼气发酵技术、三格式无动力厌氧发酵技术等将畜禽粪便集中无害化处理。具体控制途径可以通过免费提供粪便干湿分离设备、免费技术培训、沼气池建设投资补助等,提高小型养殖场、散养户参与畜禽粪便无害化处理积极性。

4)鼓励在大中型畜禽养殖场附近建设有机肥生产厂和循环经济开发基地

在大中型畜禽养殖场附近建设有机肥生产厂和循环经济开发基地不仅可以解决生产

原料—畜禽粪便供给问题，同时降低由于粪便运输导致的成本增加、沿途粪便污染等问题。政府为有机肥生产厂、循环经济开发基地和养殖场之间合作牵线搭桥，通过部分或全部报销畜禽粪便运输燃油费和人工运输成本，一定时间段内有机肥生产厂、循环经济开发基地减免税，以政府名义为有机肥销售进行宣传，发动农技服务部门推销有机肥代替化肥等多种补偿措施提高畜禽粪便的资源利用率，控制污染。

5）支持新型安全优质高效饲料开发

在规模化养殖场中，家畜、家禽可将饲料中 16% ~29% 的能量转变为自身体质能，33% 的能量被用于呼吸消耗、31% ~49% 的能量则随着粪便排出。通过提高饲料能量转化率，降低畜禽粪便总氮磷含量，也可以达到降低对环境的污染。纵隔报政府应在生产、销售等方面给予一定的优惠政策促进新型安全优质高效饲料的推广和利用。

6）对大中型畜禽养殖场污水排放实施排污许可证管理

在针对比较集中的污染源时，排污许可证管理具有降低管理成本、有效控制污染物总量的优点。建议政府对地区大中型畜禽养殖场污水排放实施排污许可证管理试点。在试点基础上完善排污许可证管理，并在区内大中型畜禽养殖场实施推广、管理，控制养殖场污染物进入环境量，降低污染。

7.7.2.4　水土流失控制

进行多种形式的专群结合植树造林，在山区河流上游河源区营造水源涵养林。在水土流失剧烈的半山区和陡坡地段营造水土保持林、经济林。建设缓冲带通过滞缓径流、沉降泥沙、强化过滤和增强吸附等功能来控制水土流失。

7.8　重点污染源分阶段治理实施步骤

对上述内乡县重点污染源的治理要分步骤、分阶段予以实施，考虑到各重点污染企业的排污现状以及未来年发展水平，将按照 2015 年和 2020 年两个规划阶段确定阶段治理目标，保证规划效果的有效实施。

7.8.1　内乡仙鹤纸业有限公司

根据企业提出的发展规划并且结合河流水环境的污染控制目标，在 2015 年之前企业必须做到：实施表 7-1 中规定的清洁生产措施，使得企业生产达到《漂白化学烧碱法麦草浆生产工艺清洁生产标准》（HJ/T 339—2007）一级清洁生产水平；完善中段水处理系统，配套建设 300 t/d 草浆碱回收工程及 3 万 m^3/d 中段水生物处理工程；建成占地面积 300 亩的人工湿地废水深度处理系统，使得废水处理能力达到 5 万 m^3/d。

规模化畜禽养殖污染物河流零排放和人工湿地废水深度处理系统的建成是企业二期项目开展实施的前提条件。对于企业远期的污染物排放控制，在河流特枯年或特枯期要实现限产限排，保证河流水质安全达标。

7.8.2　河南德润化工有限公司

根据企业的污染物治理控制原则与要求，在 2015 年之前企业必须做到：实施清洁生产措施，使得企业生产水平达到《清洁生产标准氮肥制造业》(HJ/T 188—2006)一级标准要求；原料气制备及原料气净化和精制实现 DCS 控制；氨合成系统建设冷却水系统旁滤设施；甲醇生产采用甲烷化工工艺，配设甲醇精馏残液收集池；采取有效措施加强末端废水治理，有效去除主要污染物。

7.8.3　内乡县牧原养殖有限公司

根据规划制定的规模化畜禽养殖污染物河流零排放原则，企业必须自行消化污染物，在 2015 年之前企业必须做到：采用科学的喂养方式和畜禽乳头式饮水器；淘汰水泡粪工艺，采用干清粪工艺，实施“雨污分离、干湿分离、粪尿分离”；设置液体和固体废弃物储存设施；集中建设有机肥生产厂处理干猪粪。

7.8.4　内乡县污水处理厂

根据《内乡县产业集聚区总体发展规划》以及本规划中对内乡县水环境容量资源的分析，在 2015 年之前企业必须做到：建成湍西污水处理厂 1.5 万 t/d 二期工程，湍东污水处理厂 1.5 万 t/d 一期工程；加快城市污水管网建设，实现雨污分流，提高污水处理率。在 2020 年之前企业必须做到：建成湍东污水处理厂 1.5 万 t/d 二期工程；对现有污水处理厂实施改造，排水水质达到一级 A 标准；积极回用中水，实现 40% 以上的中水回用。

上述重点污染企业水污染源分阶段治理实施步骤见表 7-11。

表 7-11 内乡县重点污染源分阶段治理控制方案

治理对象		现有水污染物控制方案	规划水污染物控制方案	实施效果
仙鹤纸业	过程控制	1. 采用干湿法备料； 2. 连蒸连煮工艺，蒸煮好的浆料送至洗筛工段； 3. 串联鼓式真空洗浆机组进行逆流洗涤，提取黑液； 4. 采用 CE/PH 三段漂白工艺，漂白后的浆料经洗涤后，送至造纸车间	1. 严格控制生产规模，建议全厂控制在 22 万 t/a 制纸规模； 2. 淘汰落后的生产线及设备； 3. 碱回收规模不得小于 100 t/d，采用多效降膜或升、降膜组合蒸发器预挂式过滤机； 4. 可考虑双网挤浆机 - 四(3 + 1)段鼓式机 - 封闭筛选工艺，提高黑液提取率； 5. 优化造纸车间管网，要求纸机最大程度回用白水； 6. 漂白工段实行无氯漂白工艺； 7. 达到《漂白化学烧碱法麦草浆生产工艺清洁生产标准》(HJ/T 339—2007)一级清洁生产水平	1. 出水水质满足《制浆造纸工业水污染物排放标准》(GB 3544—2008)中关于新建制浆造纸联合生产现有草浆企业排放标准限值，出水 20% 回用到生产线，吨浆排水量减少 14. 6 t； 2. 使用湿地系统后，出水 COD 浓度由原来的 150 mg/L 降至 60 mg/L，SS 浓度由 50 mg/L 降至 20 mg/L。现有工程每年 COD 排放量由 1 100 t 降至规划年的 420 t，年排放量减少 680 t； 3. 全厂制纸规模达到 22 万 t/a 时，COD 年排放量为 924 t/a，比现状削减 176 t/a
	末端治理	一级缺氧 + 水解酸化 + 二级卡鲁赛尔氧化沟 + 絮凝沉淀	一级 IC 塔 + 水解酸化 + 二级卡鲁赛尔氧化沟 + 絮凝沉淀	
德润化工	过程控制	1. 合成氨生产中采用微涡流澄清技术，实现水闭路循环生产工艺，采用浙大整套硫磺回收技术，配设含油废水处理设施和废油回收站； 2. 碳酸氢铵生产采取一点注水，逐级提浓工艺技术	1. 原料气制备及原料气净化和精制实现 DCS 控制； 2. 氨合成系统建设冷却水系统旁滤设施，甲醇生产采用甲烷化工工艺，配设甲醇精馏残液收集池； 3. 严格按照《清洁生产标准氮肥制造业》(HJ/T 188—2006)一级标准进行生产	排放废水达到河南省地方标准《合成氨工业水污染物排放标准》(DB 41/538—2008)有关要求，实施治理方案后，COD 排放量 13. 6 t/a，比现状年削减 14. 92 t/a，氨氮排放量 4. 08 t/a，比现状年削减 0. 55 t/a
	末端治理	配有 A^2/O 工艺，960 m^3/d、40 t/h 的废水处理工程，收集处理脱盐水站、碳化循环水池、合成循环水池、造气循环水池和锅炉循环水池的排放污水	1. 实施“清污分流、分质处理、循环利用”； 2. 采用切实可行的废水处理措施，配套建设事故排水收集池； 3. 建议小部分废水进入内乡仙鹤纸业有限公司的湿地系统进行处理	

续表 7-11

治理对象		现有水污染物控制方案	规划水污染物控制方案	实施效果
牧原养殖	过程控制	水冲粪工艺，雨污合流，清洁生产水平较低	1. 严格控制生产规模，原则上保持现有养殖规模不变； 2. 采用科学的喂养方式和畜禽乳头式饮水器； 3. 采用干清粪工艺，实施“雨污分离、干湿分离、粪尿分离”； 4. 设置液体和固体废弃物储存设施； 5. 集中建设有机肥生产厂处理干猪粪	实现废水污染物零排放
	末端治理	1. 废水经厌氧发酵后，沼液浇灌林地或直接排放； 2. 少量沼气用于养殖场做饭、取暖	1. 分场配套建设污水处理设施，出水水质满足《农田灌溉水质标准》（GB 5084—2005）； 2. 收集各分场污水处理设施产生沼气，建设沼气发电厂； 3. 施肥季节，沼液喷灌还田，非施肥季节，50%沼液加秸秆制固体肥料，其余建设田间暂时储存池储存沼液	
污水处理厂		1. 现有处理工艺采用改良型 A^2/O 工艺，出水水质 COD_{Cr} 和 NH_3-N 浓度分别为 45 mg/L、7.5 mg/L，满足《城镇污水处理厂污染物排放标准》（GB 18918—2002）一级 B 标准； 2. 现有污水处理规模为 1.5 万 t/d，城镇生活污水收水率仅为 40%，工业废水与生活污水比例为 1.26∶1，雨污合流制	1. 加快城市污水处理厂和污水管网建设，到 2020 年城市污水处理率达到 90%； 2. 从严控制水污染物排放，新建污水处理厂排水应达到《城镇污水处理厂污染物排放标准》（GB 18918—2002），现有污水处理厂实施改造，达到一级 A 标准； 3. 积极发展中水回用，到 2020 年城市中水率达到 40%，中水除用于城市景观外，可考虑用于湍东工业集聚区的工业冷却用水	城市污水处理厂对湍河 COD 负荷削减 853.29 t/a，氨氮负荷削减 67.56 t/a

第 8 章　规划保障措施

8.1　加强组织领导，落实政府目标责任制

(1)本规划由内乡县人民政府负责组织实施，县环保局负责统一监督管理。内乡县水资源综合整治规划是一项跨部门、跨行业的综合性工程，各部门必须要有高度的历史责任感，把规划的组织实施纳入到国民经济和社会发展的议事日程。成立以县长为组长，以环保、水利、农业、林业、国土、规划、财政、发改委、建设、统计、畜牧等有关部门负责人为成员的领导小组，负责组织本规划的实施，并协调本规划与工业发展、城镇发展、规模养殖业发展等相关规划的关系，确保该规划的优先实施。

(2)各部门分工负责、各司其职，完成和实现本规划确定的各项任务和目标。发改委、财政部门负责把规划范围内的工业污染治理、污水处理、规模化畜禽养殖等建设项目纳入到政府的基本建设年度计划，安排建设资金，确保建设项目的顺利实施。

经贸部门负责推动县域工业结构调整，继续关闭“十五小”企业，淘汰落后的设备、技术和生产工艺，压缩部分行业过剩和淘汰高污染、高能耗的生产能力，结合推行清洁生产工艺，落实技改资金，提高企业生产效益。

农业、林业、水利、国土等部门根据相关规划的要求，负责优先实施规划范围内的河流水污染防治项目，并加强对河流水污染防治的监督管理，确保河流水质达标。

建设部门负责对规划范围内城市污水管网、污水处理厂和垃圾处理场建设项目的监督和管理，提高城市生活污水和生活垃圾的收集率及处理率，减轻水环境容量的压力。

环保部门负责统一规划、统一监管，并做好河道监测断面以及重点污染源的监测与监察工作，协调各有关部门和政府做好本规划的具体实施工作。

8.2　完善融资机制，确保规划顺利实施

(1)政府要加大对水资源整治规划项目建设的资金投入。通过建设完善的投资融资渠道，确保本规划的顺利有效开展。

(2)根据国家相关政策，按照社会化、市场化和企业化相结合的运作方式运营与管理污水处理厂。提高污水收集处理率和利用水平，并结合产业集聚区的发展规划建设污水管网和污水处理厂，提高中水回收利用水平。

(3)加大对规划范围内水资源保护的力度。调动企业和社会共同投资参与水污染防治及水生态的保护，鼓励社会力量在规划范围内探讨建立生态补偿和区域生态经济合作机制。

8.3 完善支撑体系，提高生产科技水平

(1)加强相关专业人才队伍建设。针对各部门及企业发展所急需的专业人才，制定优惠政策，积极引进高层次优秀人才，提高政府相关部门的决策管理水平与企业的科技生产水平，为规划的实施提供智力保障。

(2)加大企业生产科技创新，提高企业现代化生产水平。要加快推行造纸、化工、养殖等行业的清洁生产工艺，提高末端处理设施污染物处理水平，确保污染物达标排放，保证河流水质安全达标。

(3)结合区域经济结构调整，加快发展资源和能源消耗少、污染物排放量低的产业，提高县域工业生产科技水平。

8.4 加强制度建设，依法保护水生态环境

(1)制定实施内乡县水环境保护的法规和管理规定。建议政府严格贯彻执行国家颁布的有关环境保护法律、法规，全面推行排污申报登记和排污许可证制度；严格执行排污收费制度，加强对排污费的征管；对工业污染物超标违法排放者，一律实行关闭或停产限期治理；对严重破坏生态环境的，依照法律从严查处。

(2)加强对非点源污染的监督管理。加大各乡镇农业非点源污染、畜禽养殖污染的防治力度，加大农村污水处理、垃圾处理、改水改厕等基础设施建设，使污水和废弃物有效处理，切断水体污染。

(3)加强环保监督执法队伍建设。强化环保监管力度，提高环境监督执法水平，重点对水质及污染物入河控制总量、河流出境断面水质及饮用水水源地等依法监督检查。

第 9 章　规划投资估算及实施效益分析

内乡县水环境综合整治规划以科学发展为主题，以水环境容量可持续利用为主线，以区域内水环境、水资源保护与社会、经济协调发展为根本出发点，着力体现和反映经济社会发展对水环境容量资源的新要求。把区域内污染源现状调查、未来规划年预测、水环境容量计算、污染物排放削减和重点污染源治理控制方案结合起来，科学指导内乡县水环境容量资源的开发、利用、保护和管理，为保证内乡县河流水质安全、工业经济科学发展和生态安全，促进区域经济社会与资源环境协调发展提供了有利条件。

9.1　规划投资估算

在对规划项目进行投资估算时，将根据现状年的物价水平分别对各重点污染企业各项整治工程进行估算，并广泛征求企业的意见，求得规划实施的各项投资金额以及企业总的投资金额，内乡县主要规划项目投资估算一览表见表 9-1。

表 9-1　内乡县主要规划项目投资估算一览　（单位：万元）

企业名称	规划项目	投资估算	合计
仙鹤纸业	改造实施一级清洁生产水平规定的生产措施	320	19 820
	完善中段水处理系统，配套建设 300 t/d 草浆碱回收工程及 3 万 m^3/d 中段水生物处理工程	15 000	
	建设日处理废水 5 万 m^3 的人工湿地废水深度处理系统	4 500	
德润化工	改造实施一级清洁生产水平规定的生产措施	1 750	4 930
	原料气制备及原料气净化和精制实现 DCS 控制	1 600	
	氨合成系统建设冷却水系统旁滤设施	250	
	甲醇生产采用甲烷化工工艺，配设甲醇精馏残液收集池	920	
	采取有效措施加强末端废水治理	410	
牧原养殖	实施科学喂养方式和畜禽乳头式饮水器	38	2 860
	淘汰水泡粪工艺，采用干清粪工艺	1 116	
	设置液体和固体废弃物储存设施	556	
	集中建设有机肥生产厂处理干猪粪	1 150	
污水处理厂	建设湍西污水处理厂 1.5 万 t/d 二期工程，湍东污水处理厂 1.5 万 t/d 一期工程	3 159	10 329
	加快城市污水管网建设，实现雨污分流	4 200	
	建设湍东污水处理厂 1.5 万 t/d 二期工程	1 200	
	改造现有污水处理厂，排水水质达到一级 A 标准	320	
	实现 40% 以上的中水回用工程	1 450	

9.2　规划实施效益分析

总体而言,规划实施方案和各项工程措施,均属于非污染生态保护建设项目,能够对内乡县的社会经济发展、水环境保护和生态建设产生重要的影响。

9.2.1　社会经济效益

规划方案的实施,有利于保障内乡县重点工业项目的顺利开展、提高县域经济发展水平以及维护社会和谐稳定。本次规划根据内乡县河流水系的水环境容量资源分布以及重点工业项目的发展需求,针对目前水环境容量利用过程中存在的问题,提出了区域水污染综合整治总体布局和重点污染源治理控制规划方案。

规划方案能够指导企业加强对重点污染项目进行综合整治,一方面,提高企业自身的生产水平,实现清洁生产,减少污染物排放量;另一方面,通过污染物的减排能够为新上项目腾出水环境容量,为县域经济的发展提供保障。同时有效地保护了当地的河流水系与生态环境、增加了当地居民的收入,实现社会经济的和谐发展。

9.2.2　生态效益

规划方案的实施,有利于保障内乡县重点水功能区段水质安全,促进经济社会和生态环境的和谐发展。通过对内乡县河流水系及重点污染源的分析,分别采用90%保证率法和分水期法计算出重点水功能区段的理想水环境容量、水环境容量以及污染物削减量,指导企业在功能区水环境容量的可承受范围内进行生产,从而有效保护当地的生态环境。

规划方案能够指导企业在污染物排放量上进行调节,主要体现在在水环境容量的基础上得到的污染物入河削减量。根据规划提出的污染物入河削减量,企业可以调节污染物的排放时间以及排放量,从而保证河流水质安全。

规划方案能够指导企业如何做到污染物减排,特别是对于仙鹤纸业,使得企业制纸规模达到22万t/a时,规划年全厂污染物COD排放量控制在924 t/a,小于现状年的1 100 t/a的排放量,确保了公司二期项目的实施,实现了“增产不增污”。通过制定污染源综合整治总体布局,从而给出了整治的基本原则,并且在基本原则的基础上给出了各个重点污染源的具体水污染物治理控制方案,指导企业改进生产工艺、推行清洁生产、规划新建项目。

通过规划的实施,能够有效地防治重点污染源造成的水环境容量压力,保证区域内重点水功能区段的水质安全和新建重点工业项目的顺利开展,同时保护当地的生态环境。规划方案实施后将确保重点水功能区段污染物入河量在水环境容量的范围之内,并能有效地恢复和提高该功能区段的纳污能力,改善当地动植物的生存环境,增加动植物种类的多样化,实现规划的生态效益。

参考文献

[1] 高榕,司全印. 两种水环境自净容量计算方法的比较[J]. 西北大学学报:自然科学版,2008(2):305-308.

[2] 田旭东,姜斌彤,俞洁,等. 生态环境功能区规划中水环境容量分配方法探讨[J]. 环境污染与防治,2009(1):83-85.

[3] 郑颖颖,董玉贺. 水环境容量资源最适度利用研究[J]. 中国西部科技,2009(27):62-63.

[4] 慕金波,甄文栋,王忠训,等. 山东省河流环境容量及最大允许排污量研究[J]. 山东大学学报:工学版,2008(5):77-81.

[5] 贾俊松,谢东明,田野,等. 江西五大水系水环境容量测算及污染控制分析[J]. 水资源与水工程学报,2009(2):1-4.

[6] 李蜀庆,李谢玲,伍溢春,等. 我国水环境容量研究状况及其展望[J]. 高等建筑教育,2007(3):58-61.

[7] 杨杰军,王琳,王成见,等. 中国北方河流环境容量核算方法研究[J]. 水利学报,2009(2):194-200.

[8] 刘倍. 小河流水环境容量测算与容量总量控制[J]. 黑龙江水产,2009(1):41-45.

[9] 赵红梅,徐宏恩,王士君. 松花江佳木斯江段水环境容量分析[J]. 东北师范大学学报:自然科学版,2008(2):109-114.

[10] 王忠训,曹华英,孙娟,等. 区域环评中北方河流水环境容量计算方法研究[J]. 中国环境管理干部学院学报,2009(3):22-26.

[11] 党志良,吴波,冯民权,等. 南水北调中线陕西水源区水环境容量预测研究[J]. 西北大学学报:自然科学版,2009(4):660-666.

[12] 单丽. 大凌河流域水环境容量研究[J]. 东北水利水电,2008(1):41-43.

[13] 戴本林,杨立中,贺玉龙,等. 四川省茶坪河水环境容量及总量控制[J]. 湖泊科学,2008(1):39-44.

[14] 林晓梅,刘宁,吴小庆,等. 基于水环境容量的开发区水污染控制对策研究——以镇江新区为例[J]. 环境保护科学,2009(2):74-77.

[15] 范俊,郭栋生,郝永红,等. 滹沱河山西段水环境容量的研究[J]. 山西农业科学,2009(4):60-62.

[16] 陈艳霞,高建勇,刘俊民,等. 渭河关中段水环境容量计算研究[J]. 人民黄河,2008(9):46-47.

[17] 黄恢柏,罗敏,毛烨,等. 江西省九江市水环境容量测算和总量分配研究[J]. 江西能源,2007(4):67-70.

[18] 钱骏,廖瑞雪,佟洪金,等. 基于公平性的水环境容量分配研究——以沱江流域为例[J]. 成都信息工程学院学报,2009(1):66-71.

[19] 张利民,刘洋,孙卫红,等. 太湖流域漕桥河小流域水环境容量估算及污染物削减分配[J]. 湖泊科学,2009(4):502-508.

[20] 李森,金亚军,倪丽,等. 江苏如皋经济开发区的水环境质量与环境容量浅析[J]. 污染防治技术,2009(4):42-45.

[21] 万军明,李适宇. 感潮河段水环境容量总量控制方案的研究[J]. 环境科学与管理,2009(4):33-36.

[22] 戴本林,许文来. 四川省涪江支流安昌河水环境容量计算模型的建立及测算[J]. 人民珠江,2007(2):64-66.

[23] 吴波,党志良. 汉丹江流域陕西段水环境容量研究[J]. 水科学与工程技术,2009(1):12-15.

[24] 杨立中,熊风,罗洁. 涪江绵阳段河流水环境容量测算[J]. 西南交通大学学报,2007(2):153-157.

[25] 马治人. 河流水环境容量与排放标准的制定[J]. 黑龙江水利科技,2007(3):4-5.
[26] 马欢,李亚强. 松花江哈尔滨江段水环境容量计算对比研究[J]. 哈尔滨商业大学学报:自然科学版,2007(4):415-418.
[27] 刘庆蕾,孟庆平,李民三. 多排污口河段水环境容量计算模型参数的估算[J]. 山东水利,2009(5):38-39.
[28] 熊文华,杨光弟,昝学才. 南汀河流域水环境容量分析[J]. 人民长江,2008(5):63-64.
[29] 陈长安,张丽,张惠芬. 水环境承载力的研究进展[J]. 水利科技与经济,2008(5):389-391.
[30] 李兵,张建强,张绍修. 苏南运河苏锡常段水环境容量和排污控制量研究[J]. 水资源与水工程学报,2007(5):61-63.
[31] 郑丽波,史利江,王莹. 基于汇水单元的甬江流域水污染物排放总量控制研究[J]. 环境科学与管理,2009(5):14-17.
[32] 陈奕,陈增奇. 浙江省义乌市水域水环境容量分析探讨[J]. 水利规划与设计,2008(6):28-29.
[33] 于雷,吴舜泽,范丽丽,等. 河流水环境容量一维计算方法[J]. 水资源保护,2008(1):39-41.
[34] 罗育池,蔡俊雄,靳孟贵,等. 无实测资料河流环境容量核算中设计流量推求[J]. 环境科学与技术,2008(3):69-72.
[35] 王西琴,杨志峰,刘昌明. 区域经济结构调整与水环境保护——以陕西关中地区为例[J]. 地理学报,2000(6):707-718.
[36] 管华,李祖伟. 徐州市区地表水体环境容量的估算与分析[J]. 徐州师范大学学报:自然科学版,2008(1):64-67.
[37] 闫欣荣,史忠科. 盲信息下渭河水环境容量及消减量研究[J]. 西安建筑科技大学学报:自然科学版,2007(5):684-689.
[38] 范丽丽,逄勇,孙丽萍,等. 徐州市水环境容量研究[J]. 水资源保护,2007(1):57-59.
[39] 范丽丽. 平原区域水环境容量计算体系研究[D]. 南京:河海大学,2008.
[40] 熊风,杨立中,罗洁,等. 我国西部内陆河流水环境容量研究[J]. 干旱区资源与环境,2007(10):88-92.
[41] 文德振. 郑州市地表水环境容量核定技术研究[J]. 河南科学,2008(5):614-617.
[42] 王健. 淮北市地表水环境容量利用探讨[J]. 环境科学导刊,2009(5):31-32.
[43] 黄峻桢. 洛阳江水环境容量与污染物总量控制方案研究[J]. 海峡科学,2008(3):21-23.
[44] 盛东,李俊峰,何新林. 玛纳斯河流域水环境容量分析及污染削减方案[J]. 人民黄河,2008(9):55-57.
[45] 杨宇栋,李书建. 引清活水改善常州城市水环境的研究[J]. 常州工学院学报,2009(4):20-25.
[46] 韩国民. 洪泽湖水环境状况及对策措施[J]. 水利科技与经济,2007(3):190-191.
[47] 李理. 四川省苍溪河流域水污染分析及水环境保护措施[J]. 中国西部科技,2008(5):31-34.
[48] 朱雪诞. 上海市宝山区嘉宝北片水环境容量及总量控制方案研究[J]. 水利水电技术,2008(9):19-21.
[49] 郭儒,李宇斌,富国. 河流中污染物衰减系数影响因素分析[J]. 气象与环境学报,2008(1):56-59.
[50] 侯轶,刘明友,李友明,等. 新建二次纤维造纸企业对区域水环境影响的预测[J]. 华南理工大学学报:自然科学版,2008(12):80-84.
[51] 马仁宏,岳建新,梁淑敏. 子牙河下游上段水环境现状分析及治理对策[J]. 海河水利,2008(2):31-33.
[52] 张成甫,朱杰,付永胜,等. 九寨沟县水质现状评价及水环境容量分析[J]. 西华大学学报:自然科学版,2007(2):54-56.

[53] 徐树媛. 晋城市水资源保护规划与污染物总量控制研究[D]. 太原:太原理工大学,2006.
[54] 王亮,张宏伟,岳琳. 水污染物总量行业优化分配模型研究[J]. 天津大学学报:社会科学版,2006(1):59-63.
[55] 潘俊,周立冬,高艳艳. 浑河沈阳城区段污染总量控制研究[J]. 吉林大学学报:地球科学版,2007(2):331-334.
[56] 王明海. 渭河纳污能力及排放总量控制研究[D]. 南京:河海大学,2004.
[57] 李森焱,张霞,付玉伟. 水环境治理与保护对策措施[J]. 山东水利,2007(10):29-30.
[58] 黄学平. 乐安河水环境容量及总量控制分析[J]. 南昌工程学院学报,2008(6):45-50.
[59] 王琳,曹敏,张炯. 济南市玉绣河水环境容量及排污控制分析[J]. 给水排水,2008(S1):72-74.
[60] 代锋刚,李铎,王飞. 生态水利的理论内涵及影响因素探讨[J]. 人民黄河,2008(8):12-13.
[61] 胡志芳,张利平. 南水北调中线工程对汉江中下游水环境影响分析[J]. 水利与建筑工程学报,2008(3):15-17.
[62] 王世友,张顺武. 漳河水库库区人口、产业对水环境的影响探讨[J]. 科技咨询导报,2006(18):187-188.
[63] 李俊峰,盛东,何新林. 玛纳斯河流域污染排放总量控制规划研究[J]. 水土保持研究,2009(1):254-258.
[64] 曹利军,鲍全盛,王华东. 区域经济发展与水环境容量紧缺之间矛盾的调和——工业生产力宏观布局与产业结构调整策略[J]. 经济地理,1998(4):54-61.
[65] 曾凡棠,张恒军. 深圳龙岗河流域水环境容量研究[J]. 科技创新导报,2009(21):113.
[66] 龚孟建. 山西省水污染防治与对策研究[J]. 水利发展研究,2008(5):52-54.
[67] 李莉莉,程胜高. 亲水生态城市及其模式探讨[J]. 环境科学与技术,2007(12):94-96.
[68] 刘建雄. 九龙江花山溪氨氮总量控制及削减方案探讨[J]. 漳州职业技术学院学报,2005(4):27-29.
[69] 廖桂蓉,代云初. 水环境污染及其市场化治理思路的探讨[J]. 农村经济,2003(2):54-55.
[70] 张文志. 采用一维水质模型计算河流纳污能力中设计条件和参数影响分析[J]. 中国西部科技,2007(13):43-45.
[71] 曹利军,鲍全盛. 从水环境容量看我国的工业布局和产业结构调整[J]. 科技导报,1998(6):56-58.
[72] 张正强. 芒市河水资源质量评价及其污染控制[J]. 水文,2007(3):93-96.
[73] 曹玉红,曹卫东. 安徽省沿江地区生态功能分区研究[J]. 资源开发与市场,2007(11):1007-1011.
[74] 黄剑锋,谢国勇,林燕清. 人工湿地技术在居住小区景观中的应用 以碧湖云溪别墅区水体景观为例[J]. 风景园林,2009(1):92-95.
[75] 李锦章,杨家志,夏建初,等. 湖北省耗水工业项目布局研究[J]. 科技创业月刊,2009(4):1-3.
[76] 刘春山,朱道军,刘振清. 淮安市水环境现况分析及对策探讨[J]. 江苏水利,2007(1):37-38.
[77] 于峰,林建光. 我国小城镇水污染治理措施探析[J]. 中国资源综合利用,2009(9):37-39.
[78] 刘久根. 南京外秦淮河水污染控制对策[J]. 现代城市研究,2003(5):51-53.
[79] 黄显峰,邵东国,顾文权. 河流排污权多目标优化分配模型研究[J]. 水利学报,2008(1):73-78.
[80] 陈俊平,吴翠霞. 南水北调中线工程对汉江下游工业发展的影响与对策[J]. 河北水利水电技术,2003(5):11-13.
[81] 吕梅花,史宏安. 宁夏水资源质量现状及其评价分析[J]. 宁夏农林科技,2007(5):156.
[82] 吴俊棫. 长江流域水资源利用和保护[J]. 长江论坛,1997(3):7-10.
[83] 宗永臣,张建新. 水污染物总量分配方法研究[J]. 西藏科技,2008(3):43-44.
[84] 孙梅. 淮北市水污染防治制度体系探讨[J]. 农技服务,2009(7):125.
[85] 王媛,张宏伟,杨会民,等. 信息熵在水污染物总量区域公平分配中的应用[J]. 水利学报,2009(9):

1103-1107.

[86] 李静. 污染总量控制方法在中国的应用与展望[J]. 中山大学学报论丛,2003(1):105-109.

[87] 中国环境规划院. 全国水环境容量核定技术指南[R]. 北京:中国环境规划院,2003.

[88] 李静,李适宇. 粤西某市小容量河流水污染综合控制研究[J]. 环境污染治理技术与设备,2003(12):49-52.

[89] 房桂干. 论制浆造纸废水深度处理新技术[J]. 中华纸业,2009(18):6-10.

[90] 刘敬喜. 碱法麦草制浆造纸污水治理及资源化综合利用[J]. 科技信息,2009(21):327-328.

[91] 侯永顺,李雁. 我国畜禽养殖业污染防治及有关问题的探讨[J]. 中国畜牧杂志,2005(6):53-54.

[92] 张安龙,陈婕. 制浆造纸中段废水深度处理技术的研究[J]. 天津造纸,2009(2):20-24.

[93] 邓香平,吴永明,万金保,等. 规模化畜禽养殖废水处理的新工艺研究[J]. 江西能源,2008(3):7-9.

[94] 罗春华. 畜禽养殖污染成因分析及治理对策[J]. 农村经济,2006(12):99-102.

[95] 刘忠全,孙世萍. 重庆地区畜禽养殖的环境污染与控制措施[J]. 畜牧市场,2005(8):119-121.

后 记

本书的研究成果是在华北水利水电学院和内乡县环境保护局共同主持领导下完成的。整个研究过程中，得到了刘法贵教授（华北水利水电学院）、李亦芳副教授（华北水利水电学院）、郝伏勤总工（黄河流域水资源保护局）、李学敏博士（河南省环境保护厅）、连煜教授级高级工程师（黄河流域水资源保护局）、郑德湘高级工程师（河南省环境工程评估中心）、高健磊教授（郑州大学）、袁彩凤高级工程师（河南省环境保护科学研究院）、张全献高级工程师（南阳市环境保护局）、王锋局长（内乡县环境保护局）等专家和领导的关心和指导，在此表示感谢。

内乡县水环境现状实景

杨寨断面实景

牡珠沟河入湍河排污口

仙鹤纸业芦苇湿地试验点

仙鹤纸业拟建湿地选址现状

牧原养殖粪液分离设备

牧原养殖污水排向杨树林

仙鹤纸业和德润化工的排污入口

内乡县城市生活垃圾场渗滤液处理工程

附图一　内乡县政区示意图

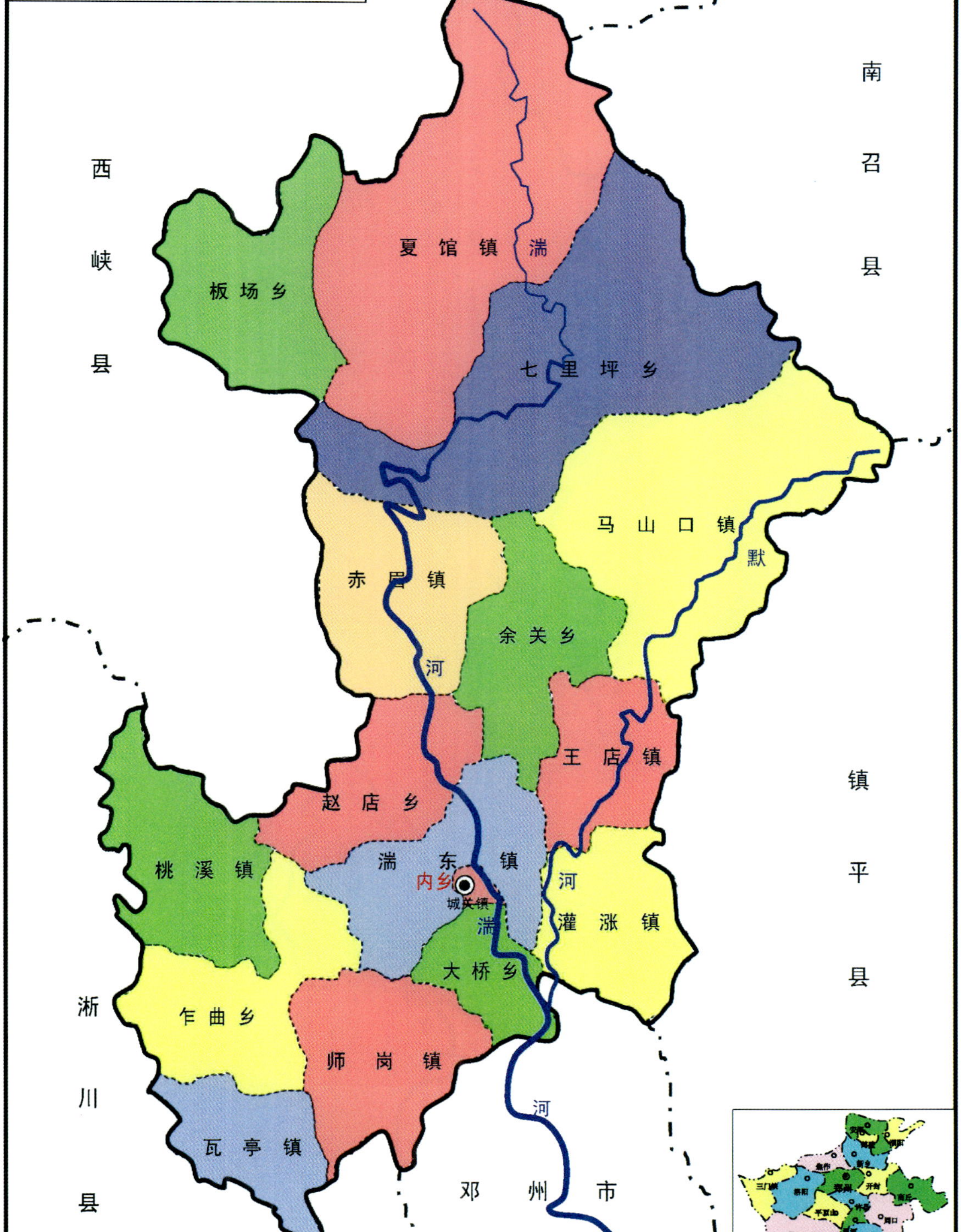

附图二　内乡水功能区划示意图

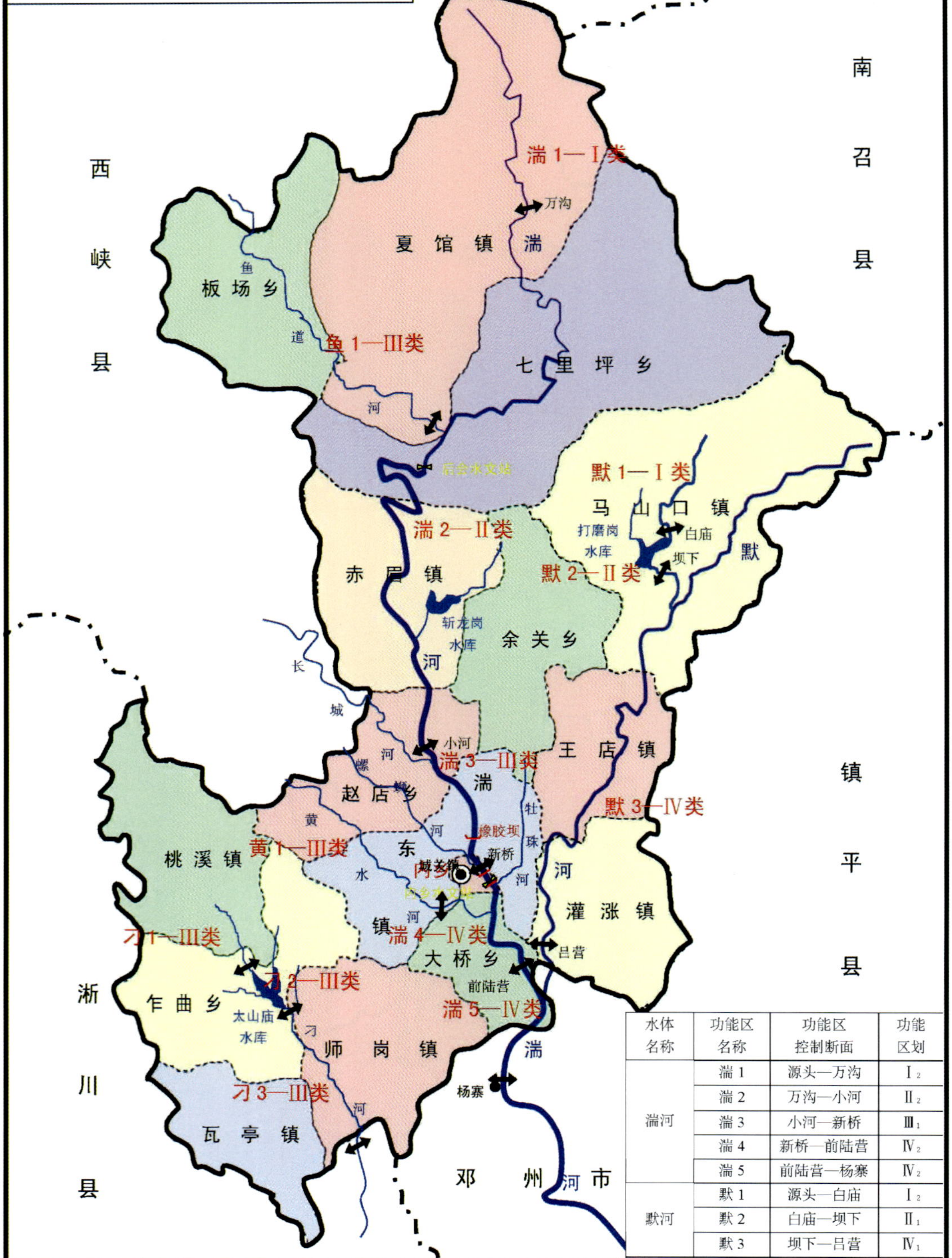

水体名称	功能区名称	功能区控制断面	功能区划
湍河	湍1	源头—万沟	I_2
	湍2	万沟—小河	II_2
	湍3	小河—新桥	III_1
	湍4	新桥—前陆营	IV_2
	湍5	前陆营—杨寨	IV_2
默河	默1	源头—白庙	I_2
	默2	白庙—坝下	II_1
	默3	坝下—吕营	IV_1
黄水河	黄1	源头—封湾	III_1
鱼道河	鱼1	源头—师家湾	III_1
刁河	刁1	源头—乍曲	III_1
	刁2	乍曲—坝下	III_2
	刁3	坝下—唐王桥	III_1

备注：**I类功能区**：I_1—自然保护区　I_2—源头水（含自流泉）

II类功能区：II_1—饮用水源一级保护区　II_2—珍贵鱼类保护区　II_3—鱼虾产卵场

III类功能区：III_1—饮用水源二级保护区　III_2—一般鱼类保护区　III_3—游泳区

IV类功能区：IV_1—一般工业用水区　IV_2—人体非直接接触的娱乐用水区　IV_3—划船区

V类功能区：V_1—农业用水区　V_2—景观要求水域　V_3—自然水域及输水沟渠

附图三　内乡县主要河流水环境功能区水陆对应关系示意图

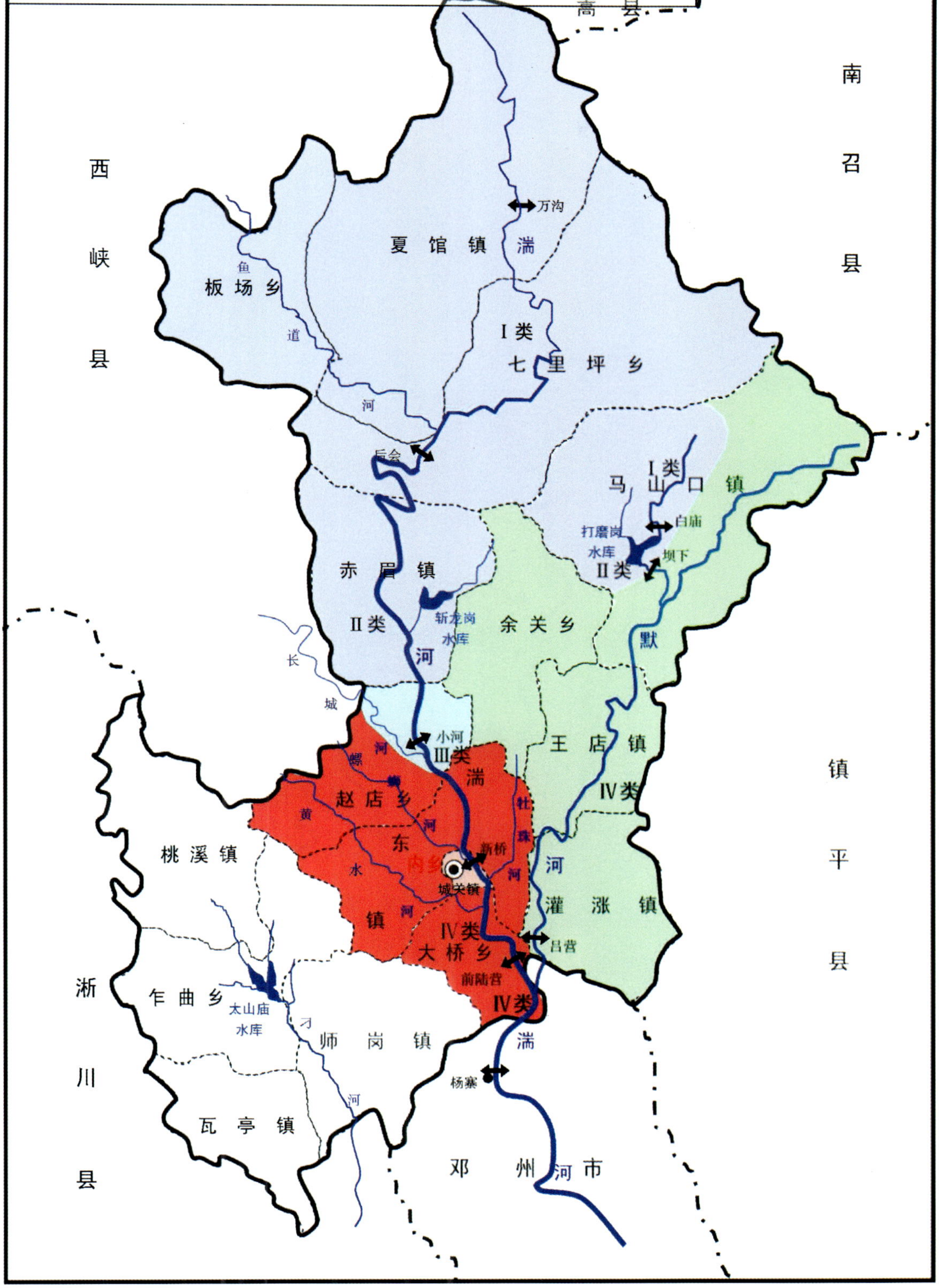

附图四 内乡县主要污染源及排污口分布示意图（2008年）

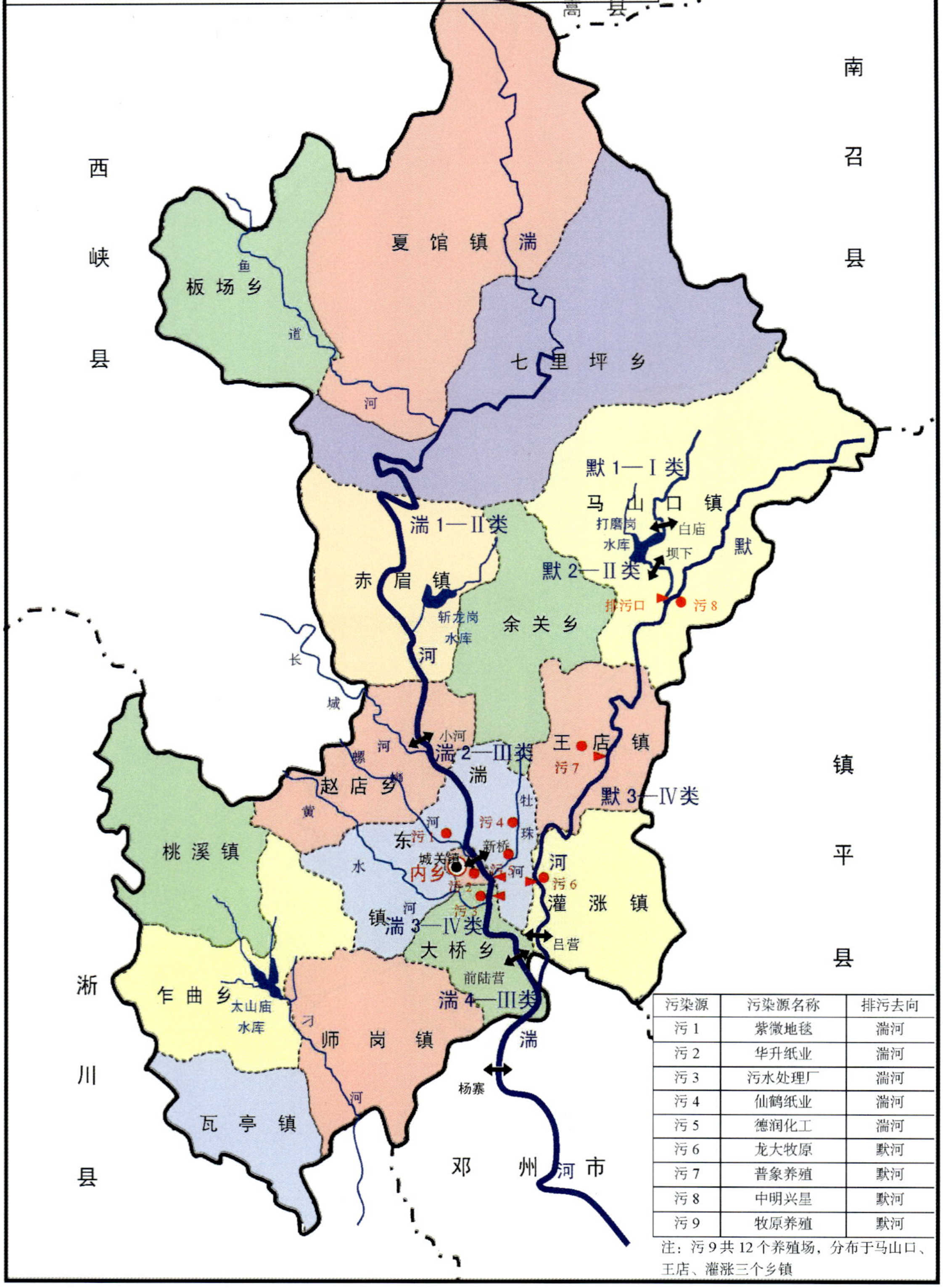

污染源	污染源名称	排污去向
污1	紫微地毯	湍河
污2	华升纸业	湍河
污3	污水处理厂	湍河
污4	仙鹤纸业	湍河
污5	德润化工	湍河
污6	龙大牧原	默河
污7	普象养殖	默河
污8	中明兴星	默河
污9	牧原养殖	默河

注：污9共12个养殖场，分布于马山口、王店、灌涨三个乡镇